中国哲圣人物丛书

图说孔子

孔祥林 著

山东友谊出版社

图说孔子

孔祥林 著　山东友谊出版社

孔子及其思想对我国的贡献

孔子思想在国外的影响

前言

开元十三年（725 年），唐玄宗李隆基亲自到曲阜祭祀孔子，他颇有感叹地赋诗说“夫子何为者，栖栖一代中”，“叹凤嗟身否，伤麟泣道穷”。孔子是干什么的，整日忙碌个不停？而且那么多愁善感，见不到凤凰飞来就感叹自己的生命就要完了，看到麒麟被人杀死就感叹自己的思想就要完了。其实，孔子并不是那么多愁善感，那么悲观绝望，而是像他自己所说的那样，“不怨天，不尤人。下学而上达”，既不怨天，也不怨人，而是下学人事，上通天理，栖栖惶惶，孜孜以求，追求知识，追求真理，以改造社会，造福人类。

身逢乱世的孔子，不甘沉沦，以济世化民为己任，主张天下大同，建设小康社会，提倡选贤举能，以民为本，轻徭薄赋，富民教民，平均财富，博施济众，创立了以仁政德治为核心的政治思想；主张以德修身，博文亲仁，提倡忠恕孝悌，信义廉耻，仁让恭敬，创立了以仁为纲的伦理思想；主张有教无类，提倡学而不厌，诲人不倦，因材施教，教学相长，创立了完整的教育思想体系；对传统思想文化进行了系统深刻地整理总结，最终集古代思想文化之大成，创立了以仁为核心包括哲学、政治学、伦理学、教育学、经济学、管理学、文艺学、军事学、史学等诸多学说在内的博大精深的思想体系。

孔子虽然从政时间很短，但政绩非常突出，显示了卓越的治国才干和折冲尊俎的外交能力。他治中都而中都大治，长幼异食，强弱异任，器不雕伪，市不二价，推行一年而四方仿效；治鲁国而鲁国强盛，对内削弱私门，增强公室，男女别途，路不拾遗，对外文事而有武备，夹谷相会，挫败齐国的种种阴谋诡计，维护了弱国的尊严，争回了在战争中被侵占的土地。

孔子成年以后长期从事教育事业，首创私学，有教无类，将教育扩展到民间，打破了贵族对教育的垄断。他诲人不倦，因材施教，循循善诱，举一反三，弟子三千，贤人七十，培养出一大批德才兼备的人才，被尊为教育始祖，许多国家和地区将孔子诞辰定为教

↑孔子行教像　[清] 佚名 作

↑[明] 佚名作《圣迹图》之一：**杏坛礼乐** 孔子整理古代文献，删《诗》《书》，订《礼》《乐》，系《周易》。

师节，受到世界人民的敬重。

经过十三年的长期奔波，周游列国归来的孔子已经失去了过去的从政热情，潜心整理文化典籍，删定了《诗经》《尚书》，订正了《周礼》《乐经》，编修了《春秋》，为《易经》作传，为中国古代文明的保存和传承作出了重要贡献。

为了实现自己的政治理想，孔子生前栖栖惶惶，席不暇暖，先后到过十几个国家，寻找施展自己政治抱负的机会，最后却失望而归，但他万万没有料到，死后历代封建统治者却给了他无可企及的殊荣，

↓[明] 佚名 作《圣迹图》之一：**退修诗书** 孔子创办私学，有教无类，弟子三千，贤人七十。

他的思想成为国家的指导思想，他个人被奉为万世师表，追封为大成至圣文宣王，祭祀的庙宇遍及中国、朝鲜、越南、日本并散布欧美和南洋诸国。

孔子创立了儒家思想，整理了古代文献，开创了私学，他的思想已经深深地融入中华民族的血液之中，成为中华民族道德意识、精神生活和民俗习惯的准则，为多民族国家的巩固发展，为民族经济、民族文化的发展都作出了重大贡献。不仅如此，从公元前开始，孔子的思想陆续传入越南、朝鲜、日本等周边国家，对这些国家的政治、思想、文化、经济、民俗以及民族性格都产生了决定性的影响。16世纪以来，孔子思想还陆续传入意大利、法国、德国、英国等欧美诸国，对欧洲的启蒙运动产生了重要的促进作用。20世纪中期以来，日本、韩国、新加坡、香港、台湾经济相继崛起，中国、越南也步入高速发展时期，亚洲儒家文化圈经济的快速发展，引起了世界各国学者和政治家的重视，不少学者、政治家都期待孔子思想在现代社会中发挥越来越重要的作用。

古人说"大上有立德，其次有立功，其次有立言。虽久不废，此之谓不朽"，孔颖达对此解释说："立德谓创制垂法，博施济众，圣德立于上代，惠泽被于无穷"，"立功谓拯厄除难，功济于世"，"立言谓言得其要，理足可传，其身既没，其言尚存"。被推为世界十大思想家之首的孔子可以说是立德、立功、立言，永垂不朽。

↓韩国祭孔
现在韩国仍按传统于每年农历二、八月的第一个丁日举行祭孔大典。

孔子的生平

孔子虽然是一个妇孺皆知的名人，但对于孔子的生平事迹人们一般了解得比较少，这一是因为人们一般只重视孔子的思想，不大重视孔子的生平事迹，二是关于孔子的生平事迹历史可以采信的文献确实很少，西汉司马迁虽然在其历史名著《史记》中专门为孔子作传，而且将孔子的传记定名为《孔子世家》，与封国裂土的诸侯一个级别，但是记载很不详细，从政以后的记载较多，但大多没有确切的系年，而从政以前几乎是略而不述。记载孔子的事迹的著作很多,《左传》《公羊传》《谷梁传》《礼记》《孟子》《晏子春秋》《墨子》《列子》《庄子》《韩非子》《荀子》《吕氏春秋》《孔丛子》等先秦著作记载很多，但是除司马迁的《孔子世家》和此前的《左传》的记载外学者们大多不敢采信，所以要想系统的介绍孔子的生平事迹还是不容易的。

少年凄惨

要了解孔子的生平，有必要先了解一下孔子的祖先。

孔子是鲁国人，但他祖先却是商代天子。商天子的祖先传说是黄帝，也就是中华民族的始祖之一，本姓公孙，因长于姬水，所以又姓姬，其父为有熊国君，因此号有熊氏，居住在轩辕之丘，因此取名轩辕，接替炎帝神农氏为帝，以土德统治天下，所以称

↑黄帝像

→少昊陵
陵在曲阜城东

为黄帝。传位给儿子少昊。少昊名挚，号玄嚣，采用太昊伏羲的治理办法，因此称作少昊，以金德统治天下，因此称金天氏。少昊生蟜极，蟜极生帝喾。帝喾接替颛顼为帝，开创基业于辛，因此号高辛氏。少昊和帝喾都是传说中的五帝。帝喾生契，辅佐尧、舜有功，封国于商，赐姓子氏，为子姓之始。契十三传至成汤，推翻夏朝，建立商朝。

周武王推翻商朝后，初封商纣王之子武庚为宋公，主奉商人祭祀。后武庚参加管叔蔡叔之乱，被周公平定，武庚被杀，又封微子为宋公。微子名启，是商纣王一母所生的哥哥，因为出生时母亲还不是天子的正妻，所以不能作天子。纣王当政时，荒淫无道，微子曾经劝谏，但纣王不听，微子只好退而隐居。

↓微子墓
墓在微山湖微山岛上

微子死后，兄终弟及，传位给弟弟微仲，其后父死子继，四传到湣公。弟弟炀公继立，湣公的儿子鲋祀杀死炀公，让位给哥哥弗父何，弗父何不愿即位，鲋祀自立为国君，后世称为厉公。弗父何世为宋国公卿，子孙宋父周、世子胜世代辅助公室。曾孙正考父先后辅助戴公、武公、宣公三朝，虽为三朝元老，但并不居功自傲，骄奢淫逸，反而更加谦恭俭朴，全如他在铜鼎上铸文所说的那样，“一命而偻，再命而伛，三命而俯，循墙而走，亦莫敢余侮。饘于是，粥于是，以糊余口”，第一次任命时鞠躬恭受，第二次任命时弯腰恭受，第三次任命时垂首恭受，外出顺着墙根快走，煮点稠粥稀饭就可以糊口了。正考父爱好文献，与周朝太师共同整理《商颂》十二篇，现在还有五篇保留在《诗经》中。

正考父之子孔父嘉时发生了重大变故。孔父嘉名嘉，字孔父，任宋国大司马，主管穆公、殇公两朝军事。殇公时，太宰华督执政，十年而十一战，民怨四起，为转移百姓视线，华督便散布谣言，将战争的责任推到孔父嘉身上，杀死孔父嘉，并杀死了反对的国君殇公。孔父嘉之子木金父为避乱逃奔到鲁国，因五世亲尽，于是以孔为姓。

木金父避乱到鲁国后，社会地位低下，到孙子也就是孔子的祖父防

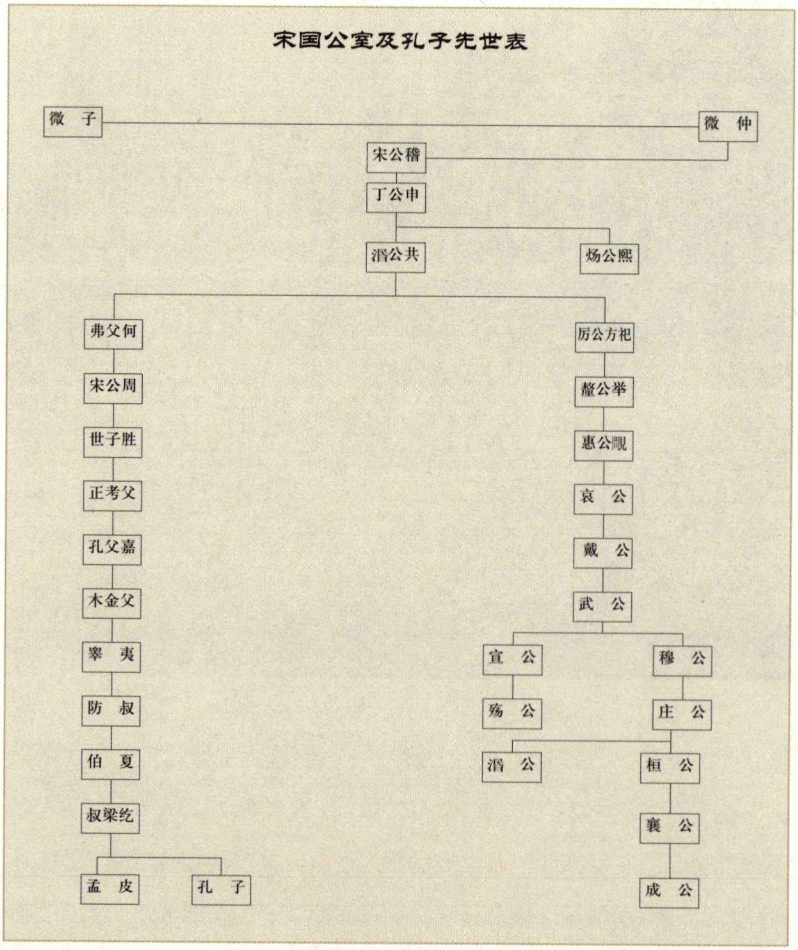

→孔子先世表

叔时才略有起色，他担任了鲁国的防邑大夫，到孔子的父亲叔梁纥时才在社会上有了名气。

叔梁纥力大善战，屡立战功，《左传》记载的战功就有两次。一次是偪阳之战。鲁襄公十年（前 563 年），晋国组织了几个国家的军队攻打现在枣庄附近的偪阳，叔梁纥跟随鲁国军队出征。攻城时，守城军队在放进一些攻城军队后突然放下吊起的城门，计划消灭入城军队。此时叔梁纥恰好赶在门下，用手托起城门，救出了入城军队。另一次是防邑保卫战。襄公十七年（前 556 年），齐国军队包围了鲁国北部城市防邑，鲁国派军援助，但援军害怕齐国军队，不敢前进。叔梁纥率领三百甲兵趁夜突破齐军的包围将主将送回，然后又带兵突破齐军包围回城固守，最终保住了防邑。经过这两次战争，叔梁纥以勇力闻名诸侯各国。虽然叔梁纥屡立战功，但终其身也不过是鲁国的一个中级官员，只做到鄹邑大夫。

←叔梁纥力托悬门图（吴泽浩 作）

叔梁纥娶妻施氏，生有九个女儿，娶了个小妾生了个儿子孟皮却是个瘸子。一个瘸子作为家族的继承人有失体面，叔梁纥在六十多岁的时候又向颜家求婚。当时颜家有三个女儿，父亲与三个女儿商量谁

↑昌平山

在曲阜东南30公里处，孔子故里今名鲁源村，位于昌平山阴，所以《史记》说孔子为昌平乡人。

愿嫁给叔梁纥，年轻的女孩谁肯嫁给一个老头呢？老大、老二都不吭声，只有老三说听从父亲的安排，于是就把老三颜徵在嫁给了叔梁纥。结婚时，叔梁纥已经六十多岁，颜徵在还不足二十岁，所以司马迁在《史记·孔子世家》中说“纥与颜氏女野合而生孔子”。对于野合，唐代司马贞解释说“盖谓梁纥老而徵在少，非当壮室初笄之礼，故云野合，谓不合礼仪”，年龄不相当，不合乎礼仪，所以称之为野合。

↑［清］佚名 作《圣迹图》之一：**祷尼山图**

结婚后，叔梁纥与颜徵在一起到附近的尼丘山祈祷，祈求保佑早生儿子。孔子生下时头顶中间低四周高，如同尼丘山的形状，所以给孔子取名孔丘，字仲尼，后人避讳避名不避字，就将尼丘山称作尼山。

←夫子洞
洞在尼山东麓，从汉代就有记载。

民间传说，孔子的家在尼山西南的鲁源村内，外祖母家在尼山东南的颜母山前，孔子出生前颜徵在正在娘家。女儿不能在娘家生孩子，颜徵在急忙赶回婆家，途中临产，急切之中，将孔子产在尼山脚下的山洞中。山洞至今仍存，后人称为夫子洞，文人们取了个雅名叫坤灵洞。夫子洞东南的颜母山上，有一片山石上有星星红点，那里的草每到秋天也会变成红色，据说就是颜徵在初破羊水的地方。民间还传说，孔子出生前有麒麟来到他家，出生时两条龙绕护着他家的房子，五位仙人降落在院内，空中还响起了美妙的音乐。孔子生来鼻露孔，眼露睛，耳露轮，奇丑无比，

→扳倒井
相传孔子出生时母亲颜徵在饮水的井。

↑［清］《圣迹图》之一：**麒麟玉书图**

父亲就把他扔到山上，天气炎热，凤凰为他打扇，一只老虎把他啣到山洞里。母亲不忍心，派人在山洞内找回了孔子。孔子是圣人，不同于常人，异人自有异像，

→［清］《圣迹图》之一：**空中奏乐图**
孔子出生时，空中有仙人奏乐。

后人为神化孔子，所以才编造了这些神话，其实是丑化了孔子。

叔梁纥老年得子，孔子的幼年应该是很幸福的，但是在他三岁时，父亲撒手而去。失去了丈夫，年轻的颜徵面对一大群妻妾子女，恐怕很难相处，所以叔梁纥去世后不久，她就带着年幼的孔子迁到离尼山老家六十多里的鲁国都城内居住。颜徵在迁居鲁城的原因不清楚，也不知道迁到鲁城后孤儿寡母何以为生，现代人推测可能是投靠颜家亲戚，从孔子七十七个著名弟子中有七位是颜氏子弟可以推测颜家是个大家族。但是，即使投靠亲戚，恐怕也不会有人能够供养孤儿寡母，孤儿寡母还得

←**阙里坊**
在曲阜孔庙东侧阙里街上，是孔子故里的标志。

↓［明］《圣迹图》之一：**俎豆礼容** 孔子自幼喜欢礼仪，玩游戏都仿照祭礼活动。

→梁公林
在曲阜城东，孔子父母及哥哥的墓地。

要自谋生路。幸运的是，年幼的孔子很懂事，连做游戏时都是摆上祭祀用的礼器俎和豆，像模像样地模仿大人磕头行礼。

但是，不幸总是相连的。十七岁时，相依为命的母亲也舍他而去，这时，母亲还不到四十岁。父亲去世后，母亲从没有告诉孔子父亲埋葬的地方，所以母亲去世后孔子也无法将母亲和父亲合葬在一起，只好将母亲的灵柩暂时存放在鲁城东南角的五父之衢，多亏鄹邑的老邻居輓父的母亲告诉了父亲的坟墓，才将父母合葬在防山的北面。孔子以前是墓而不坟，将死者埋于地下，地上不起坟头，孔子担心以后不好找墓葬，“丘也东西南北之人也，不可以弗识也”，所以在地上堆起了土堆。

→叔梁纥墓
左为孔子父母合葬墓，墓碑为1244年立。右为哥哥孟皮墓。

孔子家庭贫贱，饱受世人的白眼。鲁国执政大夫季孙氏设宴招待身份比贵族低比平民高的士们，孔子出身士家庭，当然可以赴宴，可是一到季孙氏大门，就被季孙氏的家臣阳虎拦住了，“季孙氏招待士们，可是不敢招待你”，给了孔子一个闭门羹，孔子只好一言不发地返回去。

孔子的少年时期是不幸的，但又是幸运的。艰难困苦的生活磨练了孔子，也造就了孔子。孔子成名后，太宰问孔子的弟子子贡说“夫子圣者与？何其多能也”，孔子是圣人吗？为什么这样多才多艺，子贡回答说“固天纵之将圣，又多能也”，这本是上天让他成为圣人，所以让他多才多艺，这话传到孔子那里，孔子说“吾少也贱，故多能鄙事”，我小时候贫穷，所以学会了不少鄙贱的技艺。

青年发愤

关于孔子青年时期的活动文献记载很少，能够确认的事情就是曾经在鲁国执政上卿司徒季孙氏家做过小吏。十七岁丧母后，孤苦零丁的孔子不得不自谋生路，二十岁前后，曾先后担任过季孙氏管理仓库的委吏和管理牛羊的乘田。他做事认真，管理仓库计量公平准确，管理牛羊牛

↓**职司乘田**
孔子曾为季孙氏管理过牛羊。

→职司委吏
孔子为季孙氏管理过仓库。

羊肥壮增多，在社会上慢慢也有了好的名声。他十九岁时与宋国的亓官氏结婚，二十岁生了个儿子，鲁国国君昭公听说后派人送来鲤鱼祝贺，孔子为感谢国君的赏赐，给儿子取名孔鲤，字子鱼。

孔子晚年自述说“吾十有五而志于学”，“发愤忘食，乐以忘忧，不知老之将至云尔”，“学而不已，阖棺乃止”，从十五岁就立志学习，一生都在如饥似渴地追求知识。青年时期，谋生之余，孔子的主要精力是学习。他自述“学如不及，犹恐失之”，学习如同在拼命地追赶知识，生怕自己赶不上，学到了还怕记不牢再丢掉。他对时间非常重视，看到一去不返的河水就联想到飞逝的时间，“子在川上曰：‘逝者如斯夫，不舍昼夜’”，

↓观川亭
亭在尼山孔子庙前，相传孔子在此观水感叹时间流逝。

教育弟子珍惜时间。弟子宰予白天睡觉，孔子就骂他是“朽木不可雕也，粪土之墙不可杇也；于予与何诛”，朽木不能雕刻，粪土似的墙不能粉刷，宰予是个不值得责备的人。

从现存的文献看，孔子的学习主要是靠自学，虽然有书说孔子七岁时曾入晏婴的乡学读书，但这是不可能的。晏婴是齐国人，在孔子出生前5年的齐灵公二十六年（前556年）就继其父晏弱为齐卿，先后担任灵公、庄公、景公的大夫，官至相国，不可能办学，虽然晏婴曾在东阿为官，但东阿是齐国的地方，离鲁国都城也有二百多里地，我们难以想象一个七岁的穷苦孤儿能到那里学习。孔子成年以后也不可能到晏婴那里学习，因为从文献记载看，孔子三十五岁前没有到过齐国。

鲁国先进的文化为孔子自学提供了优越的条件。鲁国从古代就是东方文化的中心之一，相传炎帝、少昊在此建都，黄帝出生于城东的寿丘，舜也曾在此制作器物。周代时，鲁国更是当时文化最为发达的国家。西周初年，大封天下，鲁国是武王之弟、成王之叔周公姬旦的封地，周公辅佐武王消灭了商朝，辅佐成王平定天下，制礼作乐制定了周代的国家制度，功劳巨大。虽然周公因辅佐成王没有到鲁国就封，派儿子伯禽就任，但封地和齐国一样都是当时最大的国家。初封时，分给了“祝宗卜史，备物典策，官司彝器”，文化就比较发达，周公死后，为褒奖周公的功绩，成王特命鲁国郊祭文王，特许使用天子礼乐，这是周朝首都镐京

↓制礼作乐坊
坊在周公庙，庙在曲阜城东。

以外唯一可以使用天子礼乐的国家，鲁国成为和周代京师一样文化最为发达的地方。但到春秋时期，礼崩乐坏，唯有鲁国还保存了丰富的古代文化。鲁襄公二十九年（前544年），著名的吴国公子季札出使鲁国，请求观看周代乐舞，鲁国乐工为他演奏了周南、召南、邶风、鄘风、卫风、郑风、齐风、魏风、唐风、陈风、郐风、小雅、大雅、颂，几乎全部《诗经》记载的乐歌，表演了文王乐舞像箾、南籥，武王乐舞大乐，商汤乐舞韶濩，夏禹乐舞大夏，虞舜乐舞韶箾等，由此可见鲁国保存的古代文化多么丰富。昭公二年（前540年），晋国韩宣子到鲁国，“观书于太史氏，见易象与鲁春秋”，不禁发出了“周礼尽在鲁矣”的感叹。

在这样优越的文化氛围中，孔子处处时时虚心好学，从不放过任何一个可以学习的机会。他说“三人行，必有我师焉。择其善者而从之，其不善者而改之”，“见贤思齐焉，见不贤而内自省也”，他是这样说的，也是这样做的。与别人一起唱歌，别人唱得好听，就一定请人再唱一遍，自己跟着学。他到了鲁国太庙，每事都要问，以致于别人认为他不懂得礼，“孰谓鄹人之子知礼乎？入太庙，每事问”，孔子知道后说“这就是礼啊”，自己不懂的问题就要问。问要不分对象，不计较身份高低，要不耻下问。“有鄙夫问于我，空空如也。我叩其两端而竭焉”，有个乡野之人提了个问题，

↓明木版《圣迹图》之一：**太庙问礼** 孔子到太庙，每事都要问。

孔子本来不懂，他就从问题的首尾两头去问他，最后不仅自己懂得了这个问题，增长了知识，还帮助别人解决了难题。

孔子学无常师，他曾向苌弘学习音乐，向郯子请教过古代的官制。向郯子问礼是孔子青年时期唯一具有确切纪年的事情。鲁昭公十七年(前525 年)，鲁国的附属国郯国国君郯子到鲁国访问，鲁国执政大夫叔孙昭子问起少昊以鸟名为官名的问题，郯子讲了黄帝、炎帝、共工、太昊、少昊的官制。孔子听说后，专门去向郯子请教，了解了许多古代历史传说，事后他赞叹说“吾闻之，‘天子失官，学在四夷’，犹信！”天子失去了学官，学问就到了边远的小国，这话是真的啊！这年，孔子 27 岁。

←**访乐苌弘**
孔子向苌弘请教音乐方面的问题，他谦逊好礼，博闻强记，受到苌弘称赞。

孔子学习不是浅尝辄止，而是追根究底。他向鲁国乐师师襄学习弹琴，接连十天他都是老练一个曲子，师襄说可以改换别的曲子了，孔子说“丘已习其曲矣，未得其数也”，过了一段时间，师襄赞许说“已习其数，可以益矣”，孔子以“未得其志也”回答，又过了一段时间，师襄劝他“已习其志，可以益矣”，孔子以“未得其为人也”回答。再过了一段时间，孔子才主动停止了练习，肃穆沉思，怡然高望，显出志向远大的样子说：“我体会到作曲的是个什么样的人了，他肤色黝黑，身材修长，眼睛明亮，目光深邃，好像是一个统治四方的君主，不是周文王又有谁能作此曲呢？”师襄大吃一惊，起身离开坐位再拜说：“我老师说这是《文王操》。”学习弹琴不仅熟悉乐曲，还要掌握技巧，领会乐曲志趣，体察作者风范。这

→学琴师襄
孔子曾向师襄学习弹琴。

件事，有的书说是在昭公十七年，有的说在昭公十九年，但不论十七年还是十九年，都是孔子三十岁以前的事情。

中年教学

←孔子讲学图［明］佚名 作

孔子自述自己“三十而立，四十而不惑，五十而知天命，六十而耳顺，七十而从心所欲，不逾矩”，描述了自己学习和成长过程中的不同境界，其中三十岁是最重要的阶段，三十岁时打下了立足于社会的基础，也是他一生事业的基础，大约从此开始，孔子决心从事教育事业。

教学兼顾的中年时期是指孔子三十岁至五十岁从政前这段时间，在这段时间内，关于孔子的历史记载还是比较多的。

孔子自述三十而立是可信的，从《史记》《左传》记载的三件事就可以看出三十岁的孔子已经有了自己的政治主张和是非标准，在社会上也有了一定的名气。

孔子三十岁时，齐景公和晏婴来到鲁国，曾专门约见孔子。齐景公问孔子：“秦穆公

←**杏坛**

孔子讲学处，在今曲阜孔庙内。

时国家很小，位置偏僻，为什么它能称霸呢？”孔子回答说：“秦国面积虽然很小，但志向远大；位置偏僻，但行为中正。秦穆公选拔用五张黑色公羊皮赎回的囚徒百里奚，从狱中将他解救出来，长谈三天，就提拔他为大夫，授给他国家的执政大权。从这件事情来看，统治天下都是可以的，称霸还是小的。”齐景公非常高兴，他很赞同孔子选拔重用贤人的观点。从这件事可以看出，孔子不仅博学广识，而且还有了自己的政治主张。

郑国著名的大夫子产临死前对子大叔交代后事，治理百姓要严厉。子大叔执政宽大，导致郑国盗贼增多，子大叔醒悟过来，发兵杀光了聚集在萑苻泽中的盗贼，盗贼才稍微有所收敛。孔子对此评价说：政令宽

↓**论穆公霸**

孔子向齐景公解说秦穆公称霸的原因。

大百姓就会玩忽，玩忽就要用严厉来纠正；严厉了百姓就会受到伤害，伤害了就要宽大。用宽大纠正严厉，用严厉纠正宽大，政事因此和顺。并引用《诗经》“民亦劳止，汔可小康。惠此中国，以绥四方”说明施政宽大，“无纵诡随，以谨无良。式遏寇虐，惨不畏明”说明以严厉进行纠正，“柔远能迩，以定我王”说明用和睦平定天下，“不竞不絿，不刚不柔。敷政优优，百禄是遒”说明施政和顺的观点。从这段评价看，孔子不仅有自己的观点，而且熟悉经典，能够活学活用。

→子产祠
祠在河南郑州

这年，卫国的齐豹、北宫喜、褚师圃、公子朝联合作乱。在杀掉公孟絷前，齐豹事先告诉经他推荐给公孟絷担任骖乘的宗孟不要和公孟絷同车。宗孟不同意，他说是您的推荐我才得到公孟絷的信任，公孟絷虽然不好，但他对我有利，我不能离开他，如果我听说有难就逃走，也使您推荐我的话失了信用。您做您的事去吧，我会为您保密，我死在公孟絷那里是合适的。当齐豹用戈攻击公孟絷时，宗孟用背保护公孟絷，被砍掉了胳膊，公孟絷的肩膀也受了伤，最后二人都被杀。弟子琴张要去吊唁宗孟，孔子不同意，劝阻他说，齐豹之所以作乱，公孟絷之所以被杀，都是因为宗孟。君子不食坏人的俸禄，不接受作乱者的好处，不为私利而被邪恶所害，不用邪恶对待他人，不掩盖不义的事情，不做不合于礼的事情。像宗孟这样的人是不值得去吊唁的。这时孔子已经能用是否合乎道义和礼来评论人的行为。

鲁昭公二十五年（前 517 年），也就是孔子三十五岁时，鲁国发生了一件大事，历史上称作斗鸡之变。事情的经过是这样的：鲁国司徒季平子与鲁孝公后裔郈昭伯斗鸡，季平子给鸡穿上皮甲，郈昭伯给鸡安上金属爪子。同是作弊，但位高权重的季平子却很生气，不仅责备郈昭伯，还在郈氏的土地上扩建自己的府第，与郈氏结下了怨恨。此前，季平子因家族内部纠纷与公若失和，因听信叔仲子的谗言与叔孙氏产生了矛盾，因介入臧氏家族内部纠纷与臧昭伯有了矛盾，因将宗庙跳舞的人弄到自己家跳舞致使祭祀襄公无法成礼而犯了众怒，又因四分公室激起国君的仇恨。鲁昭公与儿子公为、公果、公贲联络臧孙氏、郈氏联合出兵讨伐季氏。季平子毫无防备，被围困在武子之台，为救燃眉之急，先请求到城南沂水边等待国君调查罪过，再请求软禁于季孙氏的都城费邑，最后请求带领五辆兵车逃亡外国。东门氏子家懿伯建议接受季平子逃亡外国的要求，季孙氏执政太久，党徒很多，要防备他们的反扑，但鲁昭公不听，与郈昭伯坚持一定要杀掉季平子。叔孙氏的家臣们深知唇亡齿寒，“无季氏，是无叔孙氏也”，率领家兵攻打鲁公的联军，赶走了鲁公的部队。孟孙氏本来持观望态度，见叔孙氏出兵，就杀掉鲁昭公派来迎接他的郈昭伯，起兵相助。三家联手打败了鲁昭公，昭公只好逃亡到齐国。

鲁昭公逃亡齐国后，孔子也追随国君前往齐国。途经泰山，路遇一个妇女在墓前痛哭，派弟子子路去问原因，妇女说她的公爹、丈夫、儿子先后都被老虎吃掉了，问她为什么不迁走，她说这里没有残酷的剥削（苛政），孔子告诫弟子们要记住“苛政猛于虎也”。

到了齐国，孔子成为高昭子的家臣，想通过他拜见曾经相识的齐景公。齐景公对孔子还是很尊重的，他请孔子先上台阶，孔子不仅不先上，反而退下一级，请齐景公先行，孔子认为自己是外国的臣子，是不能先行

←**泰山问政**
孔子认为残暴的政治比老虎都厉害。

的，即使是国君让自己先行也不行，这不符合礼制。齐景公问孔子如何治理国家，孔子回答说“君君，臣臣，父父，子子”，国君要尽国君的本分，臣子要尽臣子的本分，父亲要尽父亲的本分，儿子要尽儿子的本分。齐景公高兴地说：“说得好啊！国君不尽国君的本分，臣子不尽臣子的本分，父亲不尽父亲的本分，儿子不尽儿子的本分，即使有粮食，我能吃得到吗？”孔子的话之所以获得齐景公的赞赏，是因为其勾起了齐景公的心事。齐景公的哥哥庄公不守君道与崔杼之妻通奸被崔杼杀死，齐景公初立，崔杼、庆封执政，庆封杀崔杼后专权，最后田、鲍、高、栾四家大夫赶走了庆封，但田氏大斗放债小斗收债，邀买人心，已经显露出取代国君的迹象，所以孔子的话很容易引起齐景公的共鸣。

又一天，齐景公又问孔子如何治理国家，孔子回答说治理国家要节省财力，景公很高兴，觉得孔子是一位很有能力的人才，就想重用他，打算把尼谿的土地分封给孔子。宰相晏婴不同意，他劝齐景公说：“儒者能言善道，不能用令来约束；高傲任性，自以为是，不能居于人下；重视丧事，尽力悲哀，破产厚葬，不能成为风气；四处游说，谋求官职，不能

↑**景公尊让**　景公礼让孔子先行，孔子认为不合乎礼制，坚持走在后面。

↑晏婴沮封 齐国宰相晏婴劝阻齐景公重用孔子。

让他们治理国家。自从圣贤下世以后，王室衰弱，礼崩乐坏已经好长时间了。现在孔子强调仪容服饰，提倡复杂的礼节，几辈子都不能完全掌握，国君想用孔子的办法改变齐国的风俗，这不是引导百姓的好办法。”齐景公听从了晏婴的劝告，彻底放弃了重用孔子的打算，就连以后见到孔子再也不问有关礼仪的事情。又过了一段时间，对孔子说：“像鲁国重用季孙氏那样重用你，我是做不到的。”于是像鲁国对待季孙氏和孟孙氏之间那样对待孔子。齐景公要重用孔子，引起齐国大夫们的反对，齐景公就对孔子说“我老了，不能用你了”。齐国大夫们要加害孔子，孔子匆匆忙忙离开齐国，连饭也没来得及吃，把正在淘洗的米捞出来就走，米中的水随车洒了一路。

孔子在齐国待了不到两年，他一边寻找从政的机会，一边学习齐国的文化。他曾与齐国的乐师谈论音乐，听了齐国演奏的韶乐醉心其中，以致三个

↑在齐闻韶图 孔子在齐国欣赏了古代的韶乐，沉醉其中，以致三个月都尝不出肉的香味来。

↑**孔子闻韶处**
在山东临淄

月都吃不出肉的香味来，还感叹地说："没想到音乐之美能到这样的境地。"

孔子回到鲁国，仍然边学边教。昭公二十七年（前 515 年），吴国公子季札出使去齐国，归途中，长子死在齐国靠近鲁国的嬴、博之间。孔子知道季札熟悉礼制，觉得这是一个学习的好机会，就专程前往观看。他见死者穿着平常的衣服，墓穴深不到水，封土长宽与墓穴相同，高与人蹲下时的肩高相同。掩埋后，季札袒露左臂，向右绕坟边走边号，"你的骨肉又返回土中了，这是命啊。但你的魂灵会回去的，会回去的"，如此三遍后就回去了，孔子认为季札处理的丧事是很合乎礼制的。

在这段时间里，孔子还曾经专门前往当时的周朝都城洛阳去学习周代的礼乐。关于孔子入周的时间，过去学者大多认为是在孔子三十四岁时，其实这是孟懿子和南宫敬叔拜孔子为师的时间，并不是孔子入周的时间。拜师时，南宫敬叔大概只有十二三岁，不可能向鲁昭公请求派他和孔子去东周的首都洛邑学习。这件事情应该在孔子四十多岁的时候。昭公同意了南宫敬叔随孔子入周学习的要求，并给了一辆车、两匹马和一个仆人。孔子和南宫敬叔到了洛邑，专门向老子请教周代礼制。老子姓李名聃，曾任东周的柱下史、守藏史，熟悉周代的礼仪制度，在回答了孔子的问题后，还专门告诫孔子，"聪明神察而接近于死亡者是因为好议论他人，

←孔子入周问礼处

在洛阳老城

↓问礼老子

孔子曾专程到洛阳向老子请教礼仪问题。

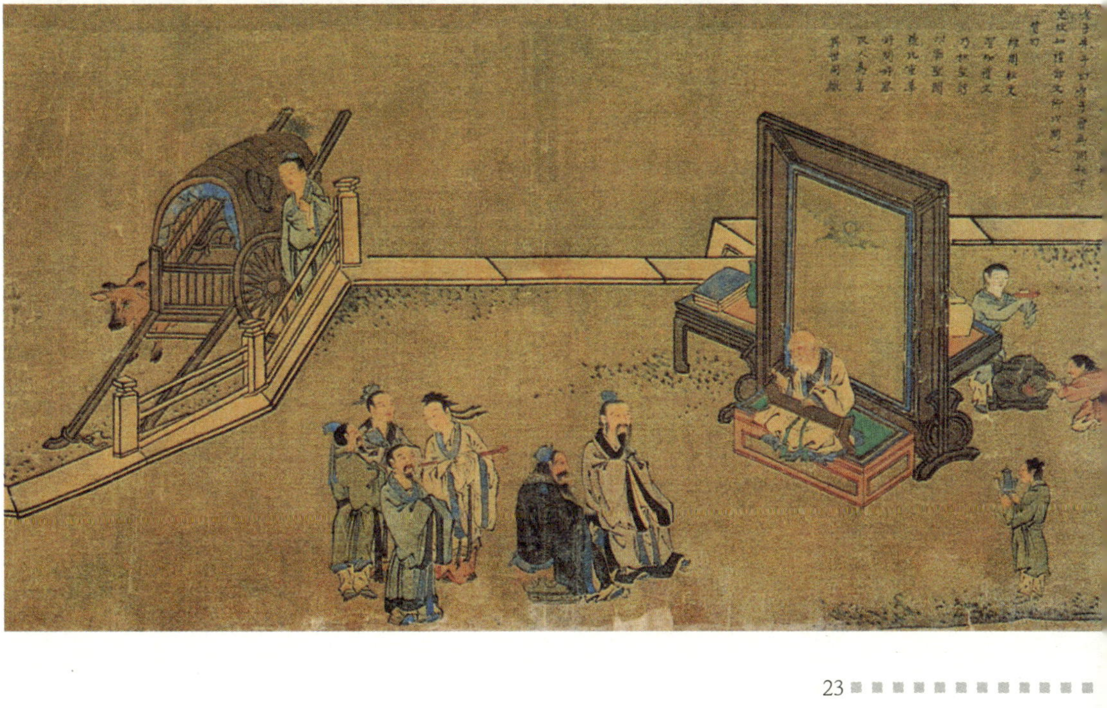

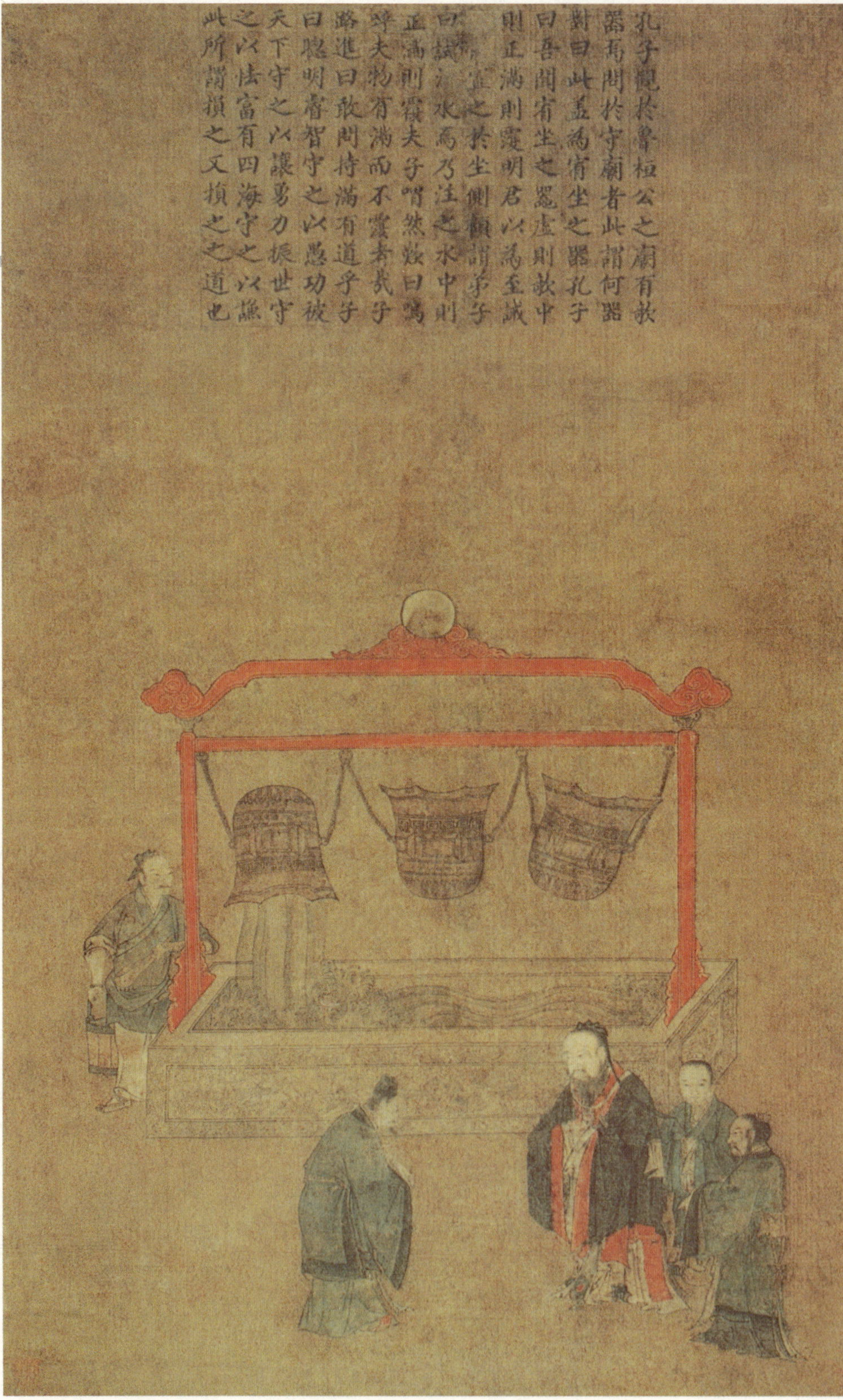

↑**观欹器图** ［明］郭诩 作 孔子随时施教，看到欹器就教育弟子要谦虚。

博学善辩见识广大而危及其身者是因为好揭发他人的劣行。做人子的要忘掉自己而只想父母，做臣子的要忘掉自己而只想君主”，老子初次相识就了解了孔子才忠言相告，但是从孔子以后的所作所为看，孔子并没有将老子的话放在心上。

关于孔子教育的记载不是很多，一个是前面所说的“苛政猛于虎”，再一个是观欹器。这件事大约是在孔子四十六岁的时候，孔子带领弟子们到鲁桓公的庙里参观，看到了欹器。欹器是国君放置在座位右侧用以劝诫的器物。孔子对弟子们说，欹器空的时候是歪斜的，水刚好在中间的时候是端正的，水超过中间就会翻过来，弟子们用水一试，果然这样，孔子借此教育弟子们不要自满。子路问保守成业的办法，孔子说聪明圣知用愚笨来守护，功被天下用礼让来守护，勇力盖世用怯懦来守护，富有四海用谦虚来守护。

这段时间内孔子曾有过两次从政的机会，一次是阳货的邀请，一次是公山不狃的邀请。

阳货邀请是在孔子四十七岁时，但孔子不愿见他，阳货没有办法，心生一计，派人给孔子送去一头蒸熟了的小猪。按照礼仪，接受人家的馈赠要登门拜谢，阳货想在孔子前来拜谢时当面相见。孔子也心生一计，决定趁阳货不在家时前去拜谢。可是万万没有料到，竟然在路上碰到了阳货。阳货对孔子说“来！我给你说”，孔子没有作声，阳货只好自己接着说：“身怀治理国家的才能却看着国家迷乱，可以说是仁爱吗？”孔子仍然不作声，阳货又接着说：“不可以。喜欢做事，却一次次错失机会，能说是明智吗？”孔子还是不作声，阳货再接着说：“不可以。时间过去了，就不会再给我们了。”孔子这才开口说：“好吧，我就要出仕做官了。”孔子虽然这样说了，但是他仍然没有去做官。其实，孔子并不是不想做官，只是他看不惯阳货的为人，不想在阳货这样的家臣手下做事。阳货是季孙氏的家臣，囚禁季桓子强迫他签订盟约，以季孙氏的家臣执掌鲁国大政，陪臣而执国命，是孔子最为深恶痛绝的，他怎么能到阳货那里做官呢？后来阳货又曾强迫鲁公、三桓签订盟约，还曾阴谋废掉三桓另立他人，定公九年占据阳关叛乱，被打败后逃奔到齐国，齐国想把他抓了起来，他设计逃脱先去宋国，后来到了晋国。最后晋国赵氏收留了他，孔子还说“赵

氏大概世世代代要有祸乱了”。

公山不狃的邀请是在孔子五十岁的时候。公山不狃也是季孙氏的家臣，追随阳货作乱。他在费邑叛乱后，派人去请孔子，孔子本来打算应邀而去，但遭到弟子子路的反对：“没有地方去就算了，何必到公山氏那里去。”孔子对他说：“那个邀请我的人难道是白让我去吗？如果有人重用我，我大概可以使文王、武王的礼乐在东方复兴。”最后，孔子还是没有去。

↑**途遇图**　季孙氏家臣阳货执政，想请孔子为他做事，孔子当然不同意。

鲁国从政

孔子在青年时期因生活所迫，曾经到季孙氏那里做过委吏和乘田的小官吏，他做事认真，做委吏时管理仓库账目清楚，计量公平，做乘田管理牛羊牛羊肥壮，繁殖增多，都受到好评。但在其后的近三十年里他一直再未做官，这可能是孔子忙于学习和教学无暇他顾，恐怕最主要的原因是孔子没有找到适合于自己施展政治抱负的机会。

←**司寇像**
[明] 佚名 作。据唐代吴道子同名画仿作。

孔子所处的春秋时期，王权下坠，周天子失去对诸侯各国的控制，诸侯各国相互征战，社会急剧动乱。孔子看不惯这种礼崩乐坏的局面，他主张天下大同，提倡仁政德治，力图要重整社会秩序，但当时的鲁国也是权力下移，三桓（鲁桓公的三个后裔）季孙氏、叔孙氏、孟孙氏执掌着鲁国的权力，孔子没有施展政治抱负的机会，他也无意仕进，“用之则行，舍之则藏”，在学习教学的同时，集中精力研究学问，构造自己的思想体系。

鲁定公九年（前501年），孔子终于等到了从政的机会，他被任命为鲁国的中都宰，也就是中都的行政长官。中都在今天的汶上县，是当时鲁国的一个重要的城邑。孔子上任以后，制定养生送死的礼节，年长的和年幼的享有不同的食物，强壮和体弱的人承担不同的工作，男女别途，路不拾遗。推行一年，四方各国纷纷效法。

→退修诗书图

中年的孔子无意仕进，专心从事文化教育事业。

↓化行中都

孔子治理中都，牛刀小试，取得很好的效果。

←为乘田吏图

鲁定公见孔子治理中都很有成效，第二年就任命孔子为鲁国司空，主管全国的工程建设。孔子区分土地的不同特性以种植不同的作物，各种作物都得到最适合的生长条件，生长得很好。

在任司空期间孔子还妥善处理了鲁昭公的墓葬问题。昭公二十五年（前 517 年），鲁昭公不满季孙氏的专权，起兵计划消灭季平子，但被三桓打败，只好逃到齐国，七年后死在国外。季平子当权，就将昭公埋葬在鲁国国君墓道之南，也就是墓地以外。孔子派人在昭公墓外挖开一条沟，将昭公墓和历代鲁公的墓连在一起。事后，孔子对季平子的儿子执政大夫季桓子解释说："将国君葬在历代国君墓地外虽然贬低了国君，但是也彰显了自己的罪行，这是不符合礼制的。现在将昭公墓归入历代国君的墓地就可以遮掩您父亲不合臣道的行为。"此事孔子处理得非常好，将昭公墓划进历代国君墓地，定公当然高兴，季平子也觉得不错，他的父亲将国君赶跑并将昭公葬在历代国君墓地之外毕竟是件不光彩的事情，当然更高兴的是孔子，他通过这件事维护了鲁国国君的权威。

不久，孔子又升任鲁国主管司法的司寇。

定公十年（前500年）春天，齐鲁两国和好，夏天，齐国国君约鲁国国君在两国交界的夹谷举行结盟的仪式，鲁定公准备好车辆随从，毫无戒备地要去赴会。孔子以司寇身份兼办会盟时的礼仪事务，他对鲁定公建议说："我听说有文事时一定要有军事准备，有军事时一定要有文事准备。过去诸侯走出自己的封地一定要设置相应的官员随行，现在应该设置左右司马。"鲁定公听从了孔子的建议，设置了两位主管军事的司马。

↑夹谷会齐
齐、鲁国君夹谷相会，显示了孔子折冲尊俎的外交能力。

齐鲁国君在夹谷相会，事先已经修筑了盟会使用的土台，土台设置了三级台阶。两国国君用国君相遇的简单礼节相见，相互拱手作揖谦让后登上了土台。进行了馈赠应酬的仪式以后，齐国管事官员快步上前请示演奏四方民族的乐舞，齐景公允许后，齐国命亡国了的莱国人手持矛、戟、剑、盾喊叫着拥了上来，企图劫持鲁定公。孔子见状不好，急忙跑过来，一步一个台阶地抢先上台，拉着鲁定公后退，对鲁国将士说："赶快拿起武器攻上去。"对齐景公说："我们两国国君友好相见，被俘虏的边远之地的夷人怎敢动武作乱，这不是齐国国君号令诸侯的方法。边远之地不能图谋中原，夷人不能扰乱华夏，俘虏不能冲犯盟会，武力不能强迫别人结好。这样做对神是不吉祥的，对道德是违背道义，对人是失礼，您一定不会这样做。"齐景公感到很惭愧，挥挥手让莱国人退下去。

过了一会，齐国的管事官员快走过来请示演奏宫中的乐舞，齐景公同意后，乐舞杂耍艺人和身材矮小的侏儒开始表演。孔子急忙跑过来，来不及按照礼仪一只脚先登上一级台阶等后一只脚登上这个台阶后再去登下一个台阶，而是一步一个台阶地抢上台，在离台顶还差一个台阶时说："匹夫胡闹迷惑诸侯的论罪该杀，请右司马立刻执行。"右司马遵命腰斩了表演的侏儒。齐景公很害怕，露出惭愧的脸色。

齐国人一计不成又生一计，将要盟誓时在盟书中添加文字说"齐国军队出境打仗，而鲁国不派出三百辆兵车跟随，就像这个盟约"，就是违背了盟约。鲁国又不是齐国的附属国，为什么齐国出兵打仗要鲁国派军队跟随？孔子指派鲁国的兹无还回答说："如果不归还我国汶阳的土地，我国也奉命，也像这个盟约。"

盟会以后，齐景公计划设享礼招待鲁定公，孔子不同意，他对齐国大夫梁丘据说："齐国、鲁国的典章制度您为什么没听说呢？事情已经完成了，再举行享礼，是白白辛苦办事人员。而且制度规定，牺尊、象尊不能拿出国门，钟磬之乐不能在野外和奏。举行享礼，备齐了礼乐祭器是违背礼制，不备齐礼乐祭器就不郑重。不郑重，君主就会感到耻辱；违背礼制，名声就不好。您为什么不好好考虑一下呢？享礼是用来显扬德行的，不能显扬德行就不如不办。"最后就没有举行享礼。

齐景公回到齐国，责备臣子们说："鲁国人用君子之道辅佐他们的国君，你们却拿夷狄那一套来教我，让我得罪了鲁国国君，怎么办？"齐国主管的官员说："君子有了过错就用实际行动向人家道歉，小人有了过错就用花言巧语来谢罪。您如果很痛心，就用实际行动表示道歉吧。"于是齐景公就把以前侵占的鲁国的郓、汶阳、龟阴的土地还给了鲁国以示道歉。

取得这次外交上的胜利，孔子在国内的地位更巩固了，他要实现自己的理想，强化鲁国国君的权力，削弱专权大夫，重整社会秩序。定公十二年，他向鲁定公建议说，"根据礼制，臣子的家中不能收藏武器，大夫的封邑不能建筑高一丈、长三百丈的城墙"，应该收缴兵器，拆除超过规定的城墙。这个建议有利于加强鲁定公的权威，当然得到鲁定公的支持。于是孔子命令弟子子路担任季氏的总管，开始拆除三家的城池。这个时期，季孙氏、叔孙氏、孟孙氏虽然执掌鲁国的大权，但是频繁的战

↑归田谢过

夹谷会齐后，齐国归还过去侵占鲁国土地，孔子取得了战争都没有取得的胜利。

争、外交占去了他们很多时间，三桓奔走在外，少则一月，多则半年，甚至被扣为人质在外一、两年，加之嗣主年幼，家臣年长，他们的一些权力逐渐被家臣所夺取。定公五年（前505年），季孙氏的家臣阳虎因为与季桓子的宠臣仲梁怀有仇就把仲梁怀抓了起来，季桓子很恼怒，阳虎就把季桓子也囚禁起来，逼迫季桓子签订盟约才把他放出来。定公六年（前504年），大权在握的阳虎又与定公和三桓在周人的土地神祠盟誓，与国都的人在殷人的土地神祠盟誓，在五父之衢诅咒。此时的阳虎不仅执掌了季氏大权，而且进而掌握了鲁国国政，定公七年（前503年），齐国归还鲁国的郓邑和阳关，阳虎竟然据为己有。定公八年（前502年），公山不狃在季桓子手下感到不如意，就勾结阳虎作乱，他们计划以季桓子之弟季寤代替季氏，叔孙氏庶子叔孙辄代替叔孙氏，阳虎代替孟孙氏。阳虎计划在冬祭大典后杀死季桓子，派弟弟阳越押送季桓子，季桓子途中说服驾车的旧部林楚驾车突然驱车奔入孟孙氏府邸，幸亏孟孙氏早有准备才打败了阳虎。阳虎逃到阳关作乱，被赶到齐国又策动齐国进攻鲁国。定公十年（前500年），叔孙氏家臣侯犯在郈邑叛乱，叔孙氏、孟孙氏两次率兵围攻后一次甚至是在齐国的支援下都没有攻下，后来侯犯想投降齐国，郈邑工师驷赤乘机散布齐国将把郈邑居民迁往他地激起居民哗变才赶走侯犯，夺回郈邑。因此对于拆除都邑，三桓大夫阻力不大。叔孙氏首先响应，拆除了自己的郈邑。但拆除季孙氏的费邑时却很费周折。

季孙氏同意拆除，但是他的家臣知道，拆除了费邑，他们就失去了立身之地，所以坚决反对。费邑宰公孙不狃和叔孙辄一不做二不休，干脆率领费邑的人去袭击鲁国国都。鲁定公和三家大夫全部躲进季孙氏的府邸，登上府内的季武子台。公孙不狃等攻进季孙氏府邸，进攻到季武子台侧，孔子命申句须、乐颀下台攻击费人，费人被打败了，国都的人乘胜追击，在姑蔑彻底击溃了费人，公孙不狃和叔孙辄只好逃亡到齐国，费邑也就被拆除了。在拆除孟孙氏的成邑时，孟孙氏的家臣公敛处父坚决不同意。他对孟懿子说："拆除了成邑，就失去了鲁国北面的屏障，齐国人就很容易到达鲁国的北门。而且成邑是孟氏的保障，没有了成邑也就没有了孟氏。你装不知道，我不拆。"在孟懿子的暗中支持下，公敛处父坚持不拆，从夏天一直拖到了冬天，没有办法，定公只好亲自出马，十二月派军队包围了成邑，但却没有攻下来。最后，拆除三都的计划没有全部实现。拆除三都的计划虽然没有全部实现，但拆除了两家的都邑还是增强了公室的力量，削弱了卿大夫及其家臣的势力，对振兴鲁国还是大有帮助的。

定公十四年（前 496 年），孔子由司寇代理鲁国的国相，脸上露出高兴的神色。弟子子路对孔子说："我听说君子灾祸临头不恐惧，大福到来也不喜形于色。现在您刚刚代理国相就面带喜色是因为什么呢？"孔子说："是有这么一句话。不是还有'乐在身居高位而礼贤下士'的话吗？"高兴的是身居高位而能礼贤下士。孔子执政七天就将扰乱国家政治的大夫少正卯杀死在鲁国南门外的两观台。弟子子贡对此很不理解，他问孔子说：

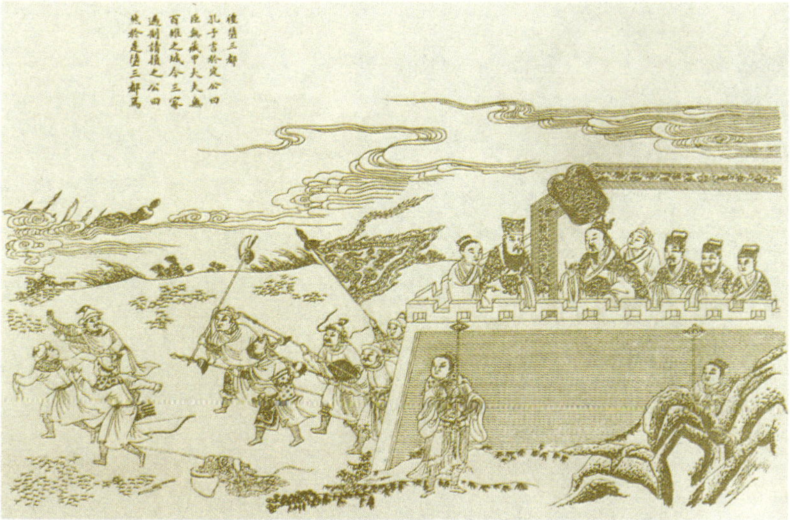

←礼堕三都
孔子为强化公室，削弱私门，发起了拆除三家执政大夫城邑的行动。

↑诛少正卯

“少正卯是鲁国的知名人士，您刚当政就把他杀了也许是个错误吧。”孔子对他说：“天下有五种大罪，盗窃还不包括在内。一是思想叛逆而凶险，二是行为邪僻而固执，三是言语虚伪而好辩，四是记忆丑事而广博，五是依顺不合道理的事情而解释得很圆满。这五种罪恶有一种在身上就不免被君子杀掉，而少正卯一人就具备了这五种罪恶：所居之处足以聚徒成群，言论足以惑乱众人，刚愎自恃足以颠倒是非，自成一派。他是人中的奸雄，不能不除。商汤杀了尹谐，文王杀了潘正，周公杀了管叔、蔡叔，姜太公杀了华士，管仲杀了付乙，子产杀了史何，这七个人生活在不同的时代都一样被杀掉，是因为这七个人所犯的罪恶是一样的。所以都不能赦免。《诗经》说：‘忧心悄悄，愠于群小’（忧愁不已，怨恨那帮小人），小人成群结党，是很令人担忧的。”

↓两观台

孔子诛少正卯处，在曲阜鲁国故城南门外，今龙虎小区外。

孔子参预鲁国国政，社会就发生了很大变化。贩羊的沈犹氏再也不敢每天一早就把羊灌得饱饱的去卖骗人钱财，公慎氏休掉了过去不管不问的

淫乱的妻子，生活奢侈、违背礼法的深溃氏害怕被治罪吓得逃离了鲁国。三个月后，贩卖牛马的商人不在价格上骗人，贩卖猪羊的商人不再漫天要价，男子崇尚忠信，女子追求贞顺，外地来到鲁国的宾客不论到了哪座城市都不用去求助官府，都好像回到了自己的家。

齐国听说孔子治理有方，非常害怕，大臣们议论说："孔子执政下去，鲁国一定会称霸。一旦鲁国称霸，齐国靠得最近，我国就会最先被鲁国吞并，为什么我们不先送一点土地去讨好他呢？"齐国大夫黎鉏说："我们先试着阻止他一下，如果阻止不成，再送给鲁国土地也不算晚。"于是就从全国挑选了八十个美妙的女子，穿上华丽的衣服，教会了《康乐》舞蹈，又挑选了身上长有漂亮花纹的一百二十匹马，一并送给鲁国国君。女乐和马车都陈列在鲁国都城的南门外，季桓子听说后，换上便衣偷偷地到城外看了三次，打算接受下来，就劝鲁君借口外出周游偷偷地去看了一天，连国家大事也懒得去管。弟子知道后对孔子说："老师您可以走了。"孔子说："鲁国就要举行郊祭大典，如果祭祀以后还按照礼制将祭祀用的肉分送给大夫们，那我就可以留下不走。"季桓子接受了齐国的女乐，一连三天都不去处理国家事务，祭祀后也不按惯例向大夫们分送祭肉，孔子彻底地失望了，于是离开鲁国，当晚住宿在屯地。鲁国乐师师已听说后去送孔子，对孔子说："先生您是没有过错的。"孔子说："我唱一首歌可以吗？"于是唱歌说："彼妇之口，可以出走；彼妇之谒，可以死败。盖优哉游哉，

↓女乐文马

→去鲁图

维以卒岁。”那些妇人的口，可以使大臣出走；接近那些妇人，可以使事业败亡。优哉游哉，我只有这样安度岁月。师己回去后如实向季桓子回报，季桓子长叹一声说：“夫子是怪罪我接受齐国的女乐啊！”

孔子挂冠而去，表面看起来是季桓子荒淫无道，鲁国已经不可救药，逼得孔子不得不辞官出走，其实，这是孔子与三桓大夫矛盾的必然结果。孔子从政后，对鲁定公必恭必敬，上朝时，和下大夫谈话直率畅快，和上大夫谈话温和恭顺，国君一到，马上变得敬畏不安，神情严肃，甚至连进入宫门时都谨慎恭敬得好像没有容身的样子，这和三桓大夫赶走国君形成了鲜明的对比。这还不算，孔子处处、时时、事事维护鲁君的权威，削弱三桓的权力。让三桓最不能容忍的是孔子竟然建议并亲自指挥拆除三桓的都邑，事前三桓还认为拆除都邑对他们有利，可以清除家臣的势力，但在拆除成邑时才被公敛处父一语点破，“且成，孟氏之保障，无成是无孟氏也”，都邑是三桓的保障，没有了都邑也就没有了三桓，拆除三桓的都邑表面看是削弱家臣，其实孔子的目的是削弱三桓，加强公室，清醒过来的三桓能不恼恨孔子吗？孔子也深知和三桓的矛盾已经不可调和，在鲁国已经不可能再继续执政了，不如见机抽身而去。

周游列国

定公十三年，也就是公元前497年的春天，孔子匆匆忙忙离开了鲁国，走时连祭祀的礼帽都没有摘下来。可以想见，五十多岁的孔子离开父母之邦心情是多么的复杂，“迟迟吾行也，去父母国之道也”，恋恋不舍地慢慢离开鲁国，在鲁国边境上还按照礼制规定进行了停留。孔子虽然知道鲁国是不可能再待下去了，但没有料到季桓子会荒唐到连祭祀的肉都不送给大夫们，离开鲁国是事起突然，孔子毫无准备，也没计划。天地

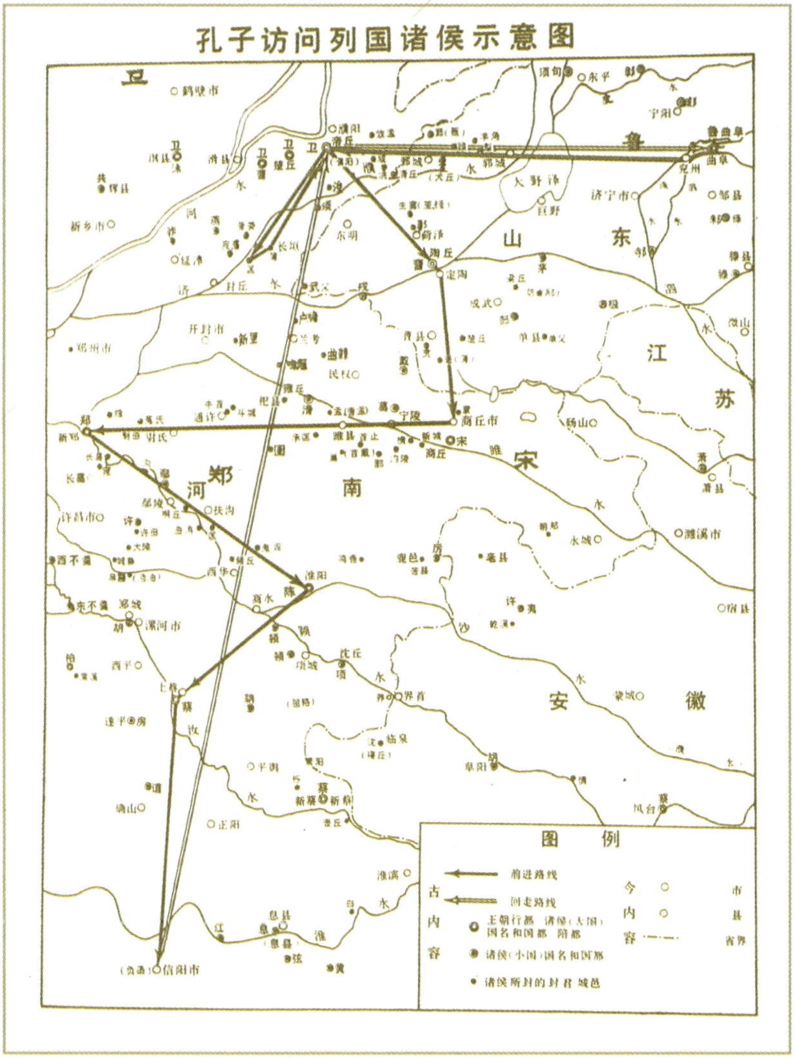

←周游列国示意图

茫茫，何处才可容身？北方是齐国，南面是宋国，西面是卫国。齐国是敌国，当然不能去，宋国虽然是自己祖先的封地，但阔别数代，早已没有联系，无亲可投，幸好弟子子路妻子的兄长颜浊邹是卫国有名的贤明大夫，而且卫国当时社会安定，经济富庶，所以孔子决定向卫国去。

一进卫国都城帝丘（在今河南濮阳），街上人来人往，孔子马上赞叹说“庶矣哉”，人真多呀！冉求为孔子赶车，就问“人已经多了怎么办呢”，孔子回答说“富之”，使他们富起来，冉求又问“已经富了怎么办”，孔子说“教之”，教育他们。孔子和冉求的这段对话被收在《论语》中，庶、富、教的思想反映了孔子治国的三步走策略，先增加人口，在此基础上发展经济，使人民富裕，人民富裕后再对人民进行教育，提高人民素质。对增加人口，在实行计划生育的今天，人们恐怕难以理解，但在经济落后的农业时代，人是最主要的生产力，只有人口众多，才能创造更多的财富，才能有更多的军队，国家才能强盛。

↑孔子避雨处

在河南永城县芒砀山。

孔子在鲁国是官至司寇的大夫，又以博学著称，加之颜浊邹的推荐，所以一到卫国，就受到卫灵公的礼遇。卫灵公问清孔子在鲁国的俸禄是谷子六万斗后，也给与同样数量的粮食。卫灵公是个平庸的君主，对孔子的治国主张没有兴趣，所以对孔子养而不用。孔子师徒在卫国没有多少事情可做，以孔子的个性，他是不会无所事事而饱食终日的，就去交往卫国的官员和贤人，了解卫国的历史、文化、风俗，这必然会牵涉到政治。孔子师徒本来就是一个很大的团体，人才济济，又具有鲜明的政治倾向，招致卫国大夫的妒忌，几个月后，他们就在卫灵公面前搬弄是非，说孔子的坏话，引起卫灵公的警惕，就以照顾孔子的名义派公孙余假去监视孔子。孔子本来借住在颜浊邹的家里，公孙余假每天陪同出出进进，孔子就意识到卫灵公已经怀疑自己，是派人前来监视，于是就决心赶快离开卫国。这次在卫国只停留了十个月。

孔子离开卫国要到陈国去，路经匡地，颜刻为孔子驾车。颜刻曾经来过此地，用马鞭指着城墙的一个缺口说："我过去来这里就是从那个缺口进去的。"鲁国的阳虎曾经残害过本地人，孔子的长相又很像阳虎，他们认为阳虎又来了，就手持武器将孔子师徒团团包围起来。颜回掉了队，后来才赶上来，孔子说："我以为你死了呢。"颜回回答说："老师您活着，我怎么敢死呢。"匡人将孔子师徒包围了五天五夜，弟子们都非常害怕，孔子鼓励他们说："周文王已经死了，周代的文化不就全在我这里吗？上天如果要毁灭这个文化，就不会让我们这些后死的人担负起维护它的责任，上天并没有消灭这个文化，匡人能把我怎么样呢？"最后，孔子派一个随从到卫国宁武子那里称臣，然后才脱离险境，离开了匡地。

孔子师徒到了蒲地，过了一个多月又返回卫国，寄住在卫国著名的大夫蘧伯玉家。卫灵公的夫人有个叫南子的，是宋国人，和宋子朝相好，

↓匡人解围

孔子路过匡地，被当成了曾经祸害匡地的阳虎围困了五天五夜。

定公十四年时，糊涂的卫灵公还召请宋子朝来卫国与她幽会，卫灵公的太子蒯聩出使路过宋国，宋国就有人唱歌说“既定尔娄猪，盍归吾艾豭”，已经满足了你们发情的母猪，为什么还不归还我们那漂亮的公猪，故意让太子蒯聩听到。名声不好的南子派人去召见孔子，孔子推辞不掉，只好去见她。南子在帷帐中拜了两拜，身上的玉佩首饰丁当作响。事后孔子说：“我本来不想见她，既然不得已见了她，就得按照礼节还礼。”但子路仍然不高兴，孔子没办法，只好对他发誓说：“如果我有不对的地方，上天一定厌弃我！上天一定厌弃我！”

→子见南子图

在卫国住了一个多月，有一天，卫灵公和夫人南子外出，他们同乘一辆车，让孔子在另一辆车上跟在他们的后面，招摇过市，可把孔子气坏了。孔子生气地说：“吾未见好德如好色者也。”我还没有见过喜好有德行的人像这样喜欢美色的人啊！于是就离开卫国到曹国去。

→同车次乘图

孔子离开曹国到了宋国，在宋国时得罪了宋国司马桓魋。桓魋派人用石头为自己建造外椁，历时三年都没有做好，孔子对这种既违背礼制又奢侈无度的行为非常不满，就说：“像这样奢侈，死后还

↑宋人伐树

不如尽快烂掉的好。”这句话传到桓魋那里，就想找机会报复孔子。有一天，孔子和弟子们在大树下演习礼仪，宋国的司马桓魋听说后，要杀孔子，就派人伐掉了大树，先给孔子一个下马威。弟子们催促孔子快走，孔子还自作镇静地说：“上天把道德交给了我，桓魋能把我怎么样！”

↓累累说圣树

但是，孔子和弟子们还是跑散了，孔子一个人跑到了郑国，孤零零地站在郑国的东门外。弟子们找不到孔子，就向人打听。一个郑国人告诉子贡说：“东门有一个人，他的额头像唐尧，脖子像皋陶，肩膀像子产，腰以下比大禹矮三寸，急急忙忙的样子就像一条丧家狗。”子贡按照这个人的指点果然在东门外找到了孔子，并把经过和郑国人的话告诉了孔子。孔子一点也不恼，反而高兴地说：“他说的我的形象不一定对，但说我像条丧家狗，是的！是的！”

↑ **楛矢贯隼**

在郑国也不能停留，孔子于是到了陈国，住在司城贞子的家里。虽然待了三年，陈国也没有给孔子事情做，大概除了教学孔子也没有做过什么大事。见之于史书记载的有楛矢贯隼和陵阳罢役两件事。

有一天，许多隼鸟落在陈国的宫廷中死了，它们是被长一尺八寸、楛木箭杆、石头箭簇的箭射死的。陈湣公很奇怪，就派人去问孔子。孔子说：这些鸟是从很远的地方飞来的，这些箭是肃慎部族的箭。武王灭商后，让周边的所有部族都贡献自己的特产，以此提醒他们不要忘记自己的职责和义务，肃慎部族贡献的就是长一尺八寸、楛木箭杆、石头箭簇的箭。武王为了显示自己的功绩，就把肃慎部族的箭分给了长女太姬，太姬嫁给了虞胡公，虞胡公封在陈国。周初分封时，将珍宝玉器分给同姓诸侯，是为了表示重视亲族；将远方部族的贡品分给外姓的诸侯，是为了让他们不要忘了服从周王朝。所以肃慎部族的箭就分给了陈国，陈国的仓库中应该有这种箭。陈湣公派人到仓库中一找，果然找到这种箭。从这件事情看，孔子是非常熟悉周朝的历史的。

陵阳罢役的经过是这样的：陈国国君修建陵阳台，工程没有竣工就杀了几十人，又要杀死三名监工，孔子听说后就去见陈湣公。孔子与陈湣公一起登上陵阳台，赞叹说："这个台真美啊！自古以来，圣明的帝王没有不杀一个人能做成这样的台子的。"陈湣公知道孔子说的是反话，一句

↑陵阳罢役

话也没说，回去就赦免了那三名监工。不久，陈湣公就问孔子说：“过去周朝建造灵台也杀人没有？”孔子回答说：“周文王兴起的时候，依附他的有六个州，六州的人民像儿子给父母做事一样来建造灵台，没到时间就提前建成了，哪里还需要杀人呢？”

孔子在陈国居住了三年，正是陈国不得安宁的时候，晋国和楚国争霸，两国轮番攻打陈国，吴国也来攻打，形势十分危险。孔子和弟子们也无法发挥自己的才能，孔子感叹说：“回去吧！回去吧！我们家乡的那些弟子志向高达，卓有文采，我都不知道怎样指导他们了。”于是带领弟子们离开陈国。

经过蒲邑的时候，正好碰上公叔氏叛乱，怕孔子到卫国走漏了消息，就将孔子师徒扣押起来。孔子有个弟子叫公良孺，带领自己家的五辆车子跟随周游列国，他身材高大，品德好，勇敢有力，对此很恼火，他说：“我过去跟随老师在匡邑被包围，现在又遭此难，这是命吧！我和老师再遭围困，宁愿战斗而死。”他与蒲人打得很厉害，蒲人害怕了，就对孔子说：“如果你们不到卫国去，我就放了你。”孔子于是就和蒲人签订了盟约，蒲人也就从东门放走孔子师徒。孔子一出蒲邑就去卫国，子贡问：“盟约可以违背吗？”孔子说：“在要挟情况下订立的盟约，神是不会认可的。”

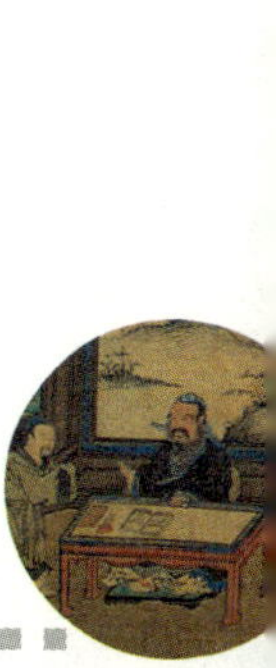

→灵公郊迎

卫灵公听说孔子从蒲邑来，非常高兴，亲自到城外迎接。他问孔子：“可以讨伐蒲邑吗？”孔子说：“可以。”卫灵公又问：“我的大夫们认为不可以。现在蒲邑是防卫晋国、楚国的屏障，如果我们卫国的军队去攻打他们，恐怕不可以吧？”孔子回答说：“蒲邑的男子有誓死保卫卫国的决心，妇女有保卫西河的志向。我们所要讨伐的不过四、五个带头叛乱的人罢了。”卫灵公认为很好，但最后仍没有出兵去讨伐。

孔子这次在卫国时，卫灵公已经老了，他懒于处理政务，也不任用孔子。孔子周游列国一方面是到处宣传自己的仁政德治的政治主张，一方面是寻找推行自己政治主张、实现自己政治抱负的机会，但是在外风尘仆仆地奔波了这么多年，一无所成，孔子感叹地说：“如果有谁用我执政，一年就差不多，三年就会大见成效。”

孔子深知时不我待，急于寻找从政施展抱负的机会。赵简子攻打范氏和中行氏，讨伐中牟，中牟宰佛肸就在中牟反叛赵简子。佛肸知道孔子的才干，就派人去请孔子，孔子很想去。弟子子路劝孔子说：“我听老师您说过，‘亲自做坏事的人那里君子是不去的’。现在佛肸占据中牟作乱，老师您却想到他那儿去，这是为什么？”孔子回答说：“我是说过这句话，但我不是也说过坚硬的东西是磨不薄的，洁白的东西是染不黑的。我难道只是中看不中吃的葫芦，这么能老挂在那里不给人吃呢？”孔子虽然这样说，但是最终还是没有去。

在卫国闲着没事，孔子就击磬奏乐。一天，一个背着筐子的人路过孔子门口，听到从门里传出的乐声就说：“有心思啊，敲磬啊！”听了一会，他又说：“可鄙啊！磬声硁硁。没有人了解自己就算了。水深的话，就穿着衣服淌过去；水浅的话，就撩起衣服走过去。”孔子听到了他的话，就

↑适卫击磬

说："这个人太坚决了！是没有办法说服他的。"

孔子在卫国得不到任用，就想到晋国去见赵简子寻找机会。但刚到黄河边上，就听说窦鸣犊和舜华被杀的消息。孔子放弃了去晋国的打算，在河边叹息说："真美的水啊，浩浩荡荡。我孔丘不能渡过去，是命吧！"子贡不理解，就上前去问："您这是什么意思哪？"孔子回答说："窦鸣犊、舜华都是晋国有才有德的大夫，赵简子还没有得志的时候必须依靠这两个人才能从政，等到他得志了，就杀了这两个人单独执政。我听说剖腹取胎杀害幼兽，麒麟就不会到城郊来；排干了水抓鱼，蛟龙就不会调和阴阳行云布雨；捣毁鸟巢毁坏鸟蛋，凤凰就不会到此飞翔。这是为什么呢？君子忌讳伤害他的同类啊！那些鸟兽对不义行为的都知道避开，何况我孔丘呢！"孔子于是回到陬乡休息，创作了琴曲《陬操》悼念窦鸣犊和舜华。最后仍然回到卫国，寄住在蘧伯玉家。

↓西河返驾

↑知鲁庙灾

回到卫国，孔子仍然经常去见卫灵公。一天，卫灵公问孔子排兵打仗的事情。孔子不喜欢战争，就回答说："祭祀的事情我倒曾经听说过，排兵打仗的事情没有学过。"惹得卫灵公好不高兴。第二天再和孔子谈话时卫灵公就不理孔子，仰看天上的飞雁。孔子明白了，第二天就离开卫国，再次到陈国去。

鲁哀公三年（前 492 年），卫灵公去世，鲁国国君的庙宇也发生了火灾，孔子虽然远在陈国，听说失火，他马上就断定发生火灾的一定是鲁桓公和鲁僖公的庙。按照周礼的规定，诸侯五庙，除始祖外，只能是现任国君的父、祖、曾祖、高祖能有独立的庙宇，桓公、僖公早已超出了四代，是不能够再保存独立的庙宇的，发生火灾一定要烧掉他俩的专庙。事实证明，孔子的判断是正确的。

这年秋天，季桓子病重将死，乘着车去看鲁城，他感慨地说："从前这个国家就要兴盛了，因为我得罪了孔子，孔子离开了鲁国，所以没有兴盛起来。"并对儿子季康子说："我就要死了，我死后你一定会辅助国君。你辅助国君，一定要召回孔子。"没过几天，季桓子就死了。季康子执政，办完丧事，就想召回孔子。大夫公之鱼劝他说："从前国君曾经重用孔子，

←灵公问陈

但没有善始善终，最后被诸侯耻笑。现在您再次任用他，不能善始善终，会再次招来诸侯的耻笑。”季康子动摇了，就问 :“那召回谁为好呢? ”公之鱼劝他召回冉求，于是季康子派人去召冉求。冉求将要动身回国时，孔子对他说 :“这次召你回去，不是小用你，而是要重用你。”并且再次感叹地说 :“回去吧! 回去吧! 我们家乡的那些弟子志向高达，卓有文采，我都不知道怎样指导他们了。”子贡知道孔子也想回去，在送冉求回去的时候告诉他回去一受到重用就赶快请孔子回去。

哀公四年 (前 491 年)，孔子从陈国迁到蔡国，第二年，又从蔡国到了楚国的叶邑。叶邑的统治者叶公向孔子请教为政的道理，孔子告诉他 :“为政的道理在于招纳远方的人才，使近处的人民归服。”有一天，叶公向子路问孔子的情况，子路没有回答，孔子听说后就对子路说 :“你为什么不这样回答他，‘他的做人是追求学问永不疲倦，教导别人永不厌倦，发愤学习忘记吃饭，乐天知命忘记了忧愁，连将要衰老也不知道’。”历

↑**鲁国故城城墙**
在曲阜老城南

经磨难的孔子仍然志气昂扬。

孔子离开叶邑，返回蔡国的途中找不到渡口，孔子看到两个人在并肩耕种，认为他们是隐居不仕的贤人，就派子路去打听。长沮问子路："那个拉着缰绳的人是谁？"子路说："是孔丘。"长沮又问："是鲁国的孔丘吗？"子路回答说是，长沮就说："他知道渡口。"桀溺问子路："你是谁？"子路说："我是仲由。"桀溺说："你是孔丘的徒弟吗？"子路说："是的。"桀溺说："像洪水一样的坏东西到处都是，你们和谁去改变它呢？你与其跟着孔丘那种逃避坏人的人，为什么不跟着我们这些逃避这个黑暗社会的人呢？"说完，继续种他的地。子路回来把整个经过告诉了孔子，孔子失望地说："我们不能和飞禽走兽合群共处，如果不同人打交道又同什么打交道呢？如果天下太平，我就不会去从事改革了。"

有一天，子路掉了队，就向一位用拐杖挑着除草用具的老人问："您见到夫子没有？"老人说："四肢不劳动，五谷分不清，谁能称作夫子？"然后把拐杖插在地上就去拔草。子路一听是个有见识的人，就不再说话，拱手站在一边。天太晚了，老人就留下子路住宿，又杀鸡又做饭，招待子路，并把他的两个儿子也叫出来拜见。第二天，子路找到孔子，把昨天的经过诉说了一遍。孔子听后说："这是个隐居的人。"并派子路回去找他，但他已经走了。子路回来说："不出仕做官是不合道义的。长幼之间的礼

节是不能废弃的，君臣之间的大义怎么能废弃呢？隐居不仕只想洁身自好，但却乱了人间大伦。君子出仕做官是为了尽自己应尽的义务，至于我们的政治主张行不通是早就知道的了。”

↑子路问津

↓子路问津处
在河南新蔡

孔子迁到蔡国的第三年，也就是鲁哀公六年（前489年），吴国进攻陈国，楚国出兵援助陈国，军队就驻扎在城父，听说孔子就在陈国和蔡国之间，就派人去请孔子。孔子也打算去拜见楚昭王，因为对楚昭王他是有好印象的。楚昭王生了病，占卜后认为是黄河作怪，卜人建议去黄河祭祀，昭王不同意，大夫们请求在郊外祭祀，昭王也不同意，他说：“三代的制度规定，祭祀范围不能超出本国的山川。长江、汉水、睢水、漳水是楚国的大河，降祸赐福，不会超出这些神灵。我虽然没有德行，也不该黄河之神降罪。”孔子听说后，对昭王大加赞赏：“昭王懂得大道理，他没有失掉国家是应该的。”并引用《夏书》“五子之歌”“惟彼陶唐，帅彼天常，有此冀方”赞扬昭王遵循上天的常道进而据有四方，引用《大禹谟》“允出兹在兹，由己率常可也”赞扬昭王遵循常道。

陈国、蔡国的大夫们听说楚国邀请孔子，就聚集商量说：“孔子是个有才德的贤人，他的讥笑讽刺都切中诸侯的弊病。现在他长久地逗留在陈国和蔡国之间，各位大夫的施政措施和行为都不合孔子的心意。现在楚国是大国，派人聘请孔子，如果孔子得用于楚国，那么陈国和蔡国掌权的大夫们就危险了。”于是他们就共同派一些服劳役的人把孔子师徒包围在旷野里。孔子师徒七天七夜都没有吃上饭，弟子们都饿得爬不起来，但孔子仍然不停地给弟子们讲学，诵读诗歌，弹琴唱歌。子路受不了了，带着生气的脸色去见孔子，开口就问：“君子也有困窘的时候吗？”孔子见子路脸色不好，就开导他说君子当然也有困窘的时候，但是在困窘的时候君子能够坚守节操，小人却会什么样的坏事都能做出来。子贡一听

↓在陈绝粮

这话，脸色也变了，孔子就问子贡你认为我是博学强记的人吗？子贡说我认为是的，难道不对吗？孔子说是不对的，我用一个原则贯穿其中。

孔子知道弟子们心中都不高兴，就把子路叫来问他：“《诗经》说‘匪兕匪虎，率彼旷野’，我们既不是犀牛，也不是老虎，为什么徘徊在旷野里，是我们的学说不对吗？为什么会落到这种地步呢？”子路回答说：“大概我们的仁德还不够，所以人家不信任我们；想必是我们不够明智，所以人家不放我们走。”孔子说：“是这样吗？假使有仁德的人一定能使人信

任，怎么能有伯夷、叔齐？假使明智的人一定能行得通，怎么能有王子比干？”

子路退出后，子贡走进来，孔子也问他相同的话，子贡的回答和子路大不相同。他说：“老师的学说博大到了极点，所以天下没有一个国家能容纳得下您。老师您为什么不稍微降低一下您的标准呢？”孔子教育他说：“好的农夫善于耕种但不一定能有好的收获，好的工匠有精巧的手艺但作品不一定能让人都满意。有修养的人能创建自己的学说，先构建出大纲，然后再依照顺序进行条理，但却不一定能为世人所接受。现在你不去完善你的学说却降格去追求世人的接受，你的志向不够远大啊！”

子贡退出后，颜回又走进来，孔子也问他相同的话，颜回的回答最让孔子满意。他说：“老师的学说博大到了极点，所以天下不能容纳。虽然这样，老师您仍然推行自己的学说，不被接受有什么毛病，不被接受才能显出君子的本色！学说不能完善是我们的耻辱，学说完善了而不能被使用那是国君的耻辱。不被接受有什么毛病，不被接受才能显示君子的本色！”颜回的一席话使孔子非常高兴：“有这样的话么？颜家的小子，如果你发了财，我给你当管家。”

↓弦歌台
台在河南淮阳。为纪念孔子在陈绝粮而弦歌不断而建。

最后，孔子派子贡到楚国去，楚国派出军队来迎接，孔子师徒才幸免于难。

到了楚国，楚昭王想把七百里的地方分封给孔子，楚国的令尹（宰相）子西不同意，他劝昭王说：“大王派往各国的使者有像子贡的吗？左右辅佐的大臣有像颜回的吗？将帅有像子路的吗？办事官员有像宰予的吗？”楚昭王都说没有。子西继续说：“楚国的祖先在周朝受封，封号名义是子爵，其实土地跟男爵相同，只有方圆五十里。现在孔丘讲述三皇五帝的制度，宣传周公、召公辅佐天子的功绩，大王如果任用孔子，那么楚国怎么能够世世代代保有方圆数千里的土地呢？当年文王在丰邑，武王在镐京，只有百里的君主最终却统治了天下。现在如果让孔丘拥有了七百里的土地，加上有才能的弟子们辅佐，这可不是楚国的福气啊！”楚昭王听从了子西的劝告，取消了原来的想法。到了秋天，楚昭王就死在了城父。

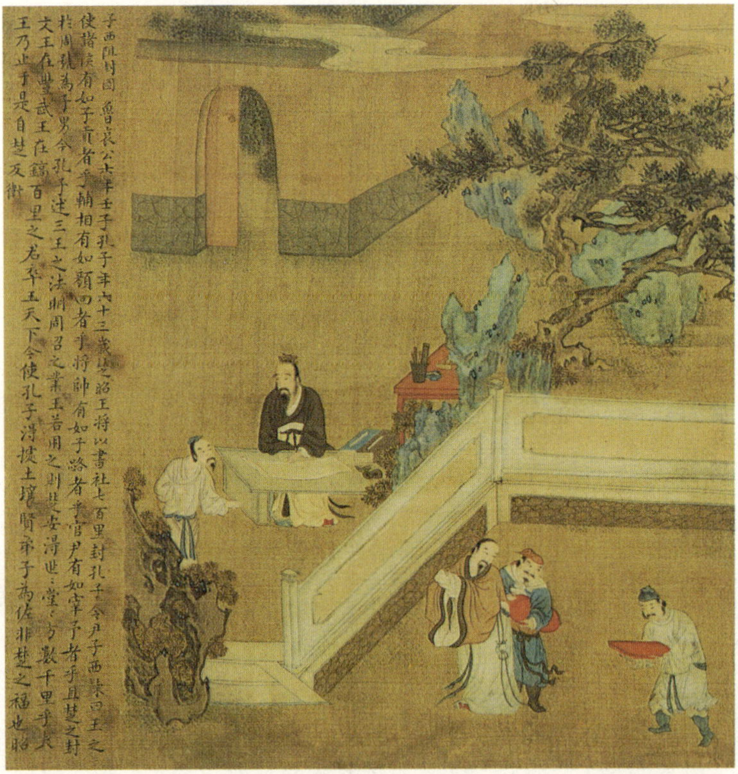

↑［清］圣迹图之一：**子西阻封图**

孔子在楚国没有得到任用，也没有立即离开。一天，楚国的狂人接舆唱着歌从孔子车边走过，歌词说：“凤兮凤兮，何德之衰。往者不可谏，来者犹可追。已而！已而！今之从政者殆而。”凤凰啊，凤凰啊，你的德行为什么这样衰弱，过去的不能再挽回，未来的还来得及。算了吧，算了吧，现在从政的人很危险，以此奉劝孔子。孔子急忙下车，想和他交谈，他却赶快躲开，孔子也没能同他谈上话。

←接舆狂歌图

孔子知道在楚国是没有希望了，所以又返回卫国。

四年前，卫灵公去世，此前太子蒯聩因为得罪了南子逃奔到了国外，蒯聩的儿子就即位为国君，后世称为出公。出公不让父亲归国，致使其流落在外，因此遭到诸侯的多方指责。孔子师徒在卫国停留的时间很长，许多弟子在卫国做了官，这次孔子归来，卫出公也想请孔子出来执政。子路就问孔子：“卫国国君等待您来执政，您打算首先做什么？”孔子说：“一定要正名分。”子路说：“有这样吗？您太迂腐了。怎么正？”孔子批评子路说：“真粗野啊，由啊！君子对于他所不懂的就不要去说，你怎么能乱说呢？名分不正，说话就不顺；说话不顺，事情就办不成；事情办不成，礼乐制度就不能兴起；礼乐制度不能兴起，刑罚就不能得当；刑罚不能得当，老百姓就不知道怎么去做。所以君子确定的名分就一定可以说出来，说出来就 定能够执行。君了对于自己说的话不能有一点随便马虎。”孔子要正名，卫出公还能当国君吗？所以孔子又失去了一次从政的机会。

哀公十一年（前484年），齐国进攻鲁国，孔子的弟子冉求担任了

↑币迎归鲁

季孙氏的统帅，打败了齐国军队。季康子问冉求：“你的军事才能是学来的还是天生的？”冉求回答说是从孔子那里学来的。季康子就问孔子是个什么样的人，冉求告诉他说：“任用孔子要有名分，并通告全国的老百姓，盟誓于鬼神才能没有遗憾。我虽然因为战争有功累计被封到两千五百户，但我的老师是不会追求的。”季康子说：“我想请他回来，可以吗？”冉求说：“想请他回来，就不要让小人因嫉妒从中阻碍就可以了。”这时，卫国大夫孔文子准备攻打太叔，向孔子咨询，孔子用“祭祀的事情曾经学过，打仗的事情从来没有听说过”的话应付他。回来后马上叫人套车就走，并生气地说：“鸟可以选择树木，树木怎么能选择鸟呢？”孔文子急忙来劝阻孔子，他说：“我怎么敢替自己打算，是为了防止卫国的祸乱啊。”孔子也就不打算再走了。正好这时季康子派使者带着礼物来迎接孔子，孔子也就返回鲁国。

孔子五十五岁开始周游列国，六十八岁时返回鲁国，在外奔波了十四年，历经磨难，先后到过卫、曹、宋、陈、蔡、楚大小近十个国家，他栖栖惶惶，席不暇暖，到处宣传自己的政治主张，寻找施展自己政治才能的机会，但没有一个国君肯采用他的主张，给他一个实现自己政治抱负的机会，相反，他和弟子们“削迹于卫，伐树于宋，穷于商周，围于陈蔡”，吃尽了闭门羹。

晚年凄凉

周游列国归来的孔子，虽然已垂垂老矣，但历经磨难并没有改变孔子的本性，他仍然坚持自己的政治主张。季康子派人接回孔子，当初恐怕有重用他的想法，但是在田赋改革上就没有得到孔子的支持。《左传》记载说：季康子想实行名为田赋的征税方法，派冉求去征求孔子的意见，孔子以不懂做答，冉求问了三次，孔子仍不表示意见。冉求说：“您是退休的卿大夫，国家等待您的意见办事，您为什么不发表意见呢？”孔子仍不表态，私下对冉求说：“君子办事情，要用礼来衡量，施舍要多，办事要适中，赋敛要少。如果这样，按照原来的办法也就足够了。如果不用礼来衡量，而是贪婪无厌，即使按照新的田赋方法征税也还是不会够的。季孙氏如果做事想合乎法度，有周公的典章制度在那里，如果想随意行事，又何必征求我的意见。”对于用田赋的方法比鲁国原来实行的丘法增加了多少税收，史学界的意见不一，但加重了税收是毫无疑义的。孔子一向反对加重对人民的剥削，疾恶如仇，这次可能考虑到刚回鲁国，也许对季康子有所期待，所以没有同季康子正面冲突，公开表示反对，只是私下表示不同意见，当然也希望通过冉求向季康子转达自己的意见。但是，季孙氏没有听取孔子的意见，仍然实行田赋法征税。孔子大为恼

←不对田赋

火，他不便公开反对季康子，就把一腔怒火发泄在帮助季康子的冉求身上，公开宣称冉求不是我的弟子，鼓动弟子们敲着鼓去攻击他。孔子虽然没有正面攻击季康子，但季康子也知道孔子不是自己的同路人，也就不会再考虑重用孔子的问题了。

也许此次以后，孔子对季康子失去了希望，他对季康子逐渐转向公开批评甚至当面指责的态度。《论语》记载季康子问政共五次，在季康子问如何才能使人民严肃认真、尽心竭力、互相劝勉时，孔子回答说："你对人民恭敬庄重，人民就会严肃认真；你孝敬父母、慈爱幼小，人民就会尽心竭力；你选用贤人，教育能力差的人，人民就会互相劝勉。"回答得还是比较客气的。但在回答孔子弟子是否可以从政时口气就大不一样了。季康子问："仲由可以从政吗？"孔子说："仲由办事果断，处理政事有什么困难？"问端木赐，孔子说："端木赐通情达理，处理政事有什么困难？"问冉求，孔子说："冉求多才多艺，处理政事有什么困难？"一副不屑于答的样子。在答季康子"杀掉坏人亲近好人怎么样"时就公开进行批评："您治理国家为什么要杀人？您存心向善，老百姓就会一心向善。君子的品德就像风，老百姓的品德就像草，风向哪边吹，草就向哪边倒。"在回答季康子另一次问政时就是在教训他："政治就是端正。您带头端正，谁敢不端正？"在回答季康子问强盗太多怎么办时，孔子简直就是指着鼻子在指责他："如果您不贪财，就是奖励他们他们也不会去偷去抢。"虽然季康子年龄比孔子要小许多，但他毕竟是鲁国的正卿，鲁国实际的统治者，对于这样一个处处敢于同自己对抗的人，季康子能够重用吗？

↓**孔鲤墓**

墓在孔林孔子墓东侧。

鲁国不能再用孔子，孔子也失去了从政的热情。他知道，自己的政治理想已经不可能在当时实现，他只能寄希望于自己的弟子，寄希望于后世，所以他将自己的晚年精

力放在教育弟子和整理古代文献上,将自己的思想寄予在自己的著述中(详见孔子的贡献一章)。

古人说，人生有三不幸，少年丧父，中年丧妻，晚年丧子，孔子可以说是占全了。他三岁丧父，六十九岁失去了独生子孔鲤，妻子虽然不能算是中年时去世，但是孔子五十五岁离开鲁国，再也没有见到她，在孔子周游列国回来的前一年也就是孔子六十七岁时先孔子而去。除了人生三不幸，孔子还有更大、更多的不幸，那就是许多优秀年轻的弟子先他而去。

鲁哀公十四年（前481年)，孔子最喜爱的弟子颜回去世了。颜回家贫好学，对孔子亦步亦趋，孔子曾表扬他："不迁怒，不贰过""其心三

←颜回墓
墓在曲阜城东颜子林内。

月不违仁”“一箪食，一瓢饮，在陋巷，人不堪其忧，回也不改其乐，贤哉回也”。颜回去世时只有四十二岁，白发人送黑发人，情何以堪，孔子哭得非常悲痛，连呼：“老天要我的命啊！老天要我的命啊！”弟子们说“老师太悲痛了”，孔子说“不为这人悲痛还为谁悲痛呢”。孔子虽然内心很悲痛，但是对颜回丧事的处理孔子还是严格按照礼制去办的。颜回的父亲颜路想让孔子卖掉他的车为颜回置办棺材的外椁，这是不符合礼制的，孔子不便明言，就推脱说：“我的儿子去世的时候，也是只有棺没有椁，我也没有将车卖掉为他买外椁。因为我是个大夫，出门不能没有车。”弟子们想厚葬颜回，孔子也不同意，但是弟子们还是厚葬了颜回，孔子很内疚地说：“颜回把我当父亲看，我却没有把颜回当儿子对待，厚葬不是我的主张，是那几个弟子干的。”

第二年，卫国发生了政变，忠心耿耿的子路死在政变之中。卫灵公三十九年（前496年），太子蒯聩因对南子不满，策划将她杀死，但是没有成功，只好逃亡他国。三年后，灵公去世，蒯聩的儿子即位当了国君，十二年后，蒯聩在其姐姐的帮助下潜回卫国，挟持外甥孔悝发动政变，将儿子出公赶出国外。孔悝的家臣栾宁派人将政变的消息告诉子路，子路马上赶往国都，在城门外碰到出逃的同学高柴，高柴告诉子路城门

↓**子路祠**
祠在河南濮阳

↑西狩获麟

已经关上，劝他不要进城自找祸难，子路不听，他说："吃了人家的俸禄就不能躲避祸难。"高柴跑回了鲁国，子路却进了城。到了孔悝家的大门，守门的公孙敢也劝他不要进去，子路说："我享用了他的俸禄，就一定要解救他的灾难。"趁使者出门的机会进了大门。到了劫持孔悝的高台前，子路说："太子是个没有勇气的人，如果放火烧台，烧到一半，太子就会放了孔悝。"蒯聩很害怕，就派石乞、盂黡下台抵抗子路，用戈砍断了子路的帽带。子路说："君子死的时候，不能不戴帽子。"于是去结帽带，结果被砍成了肉泥。孔子听说卫国发生政变，就说："高柴大概会回来的，子路是一定会死的。"结果被孔子不幸而言中，孔子听说子路被砍成了肉酱，马上派人去倒掉厨房的肉醢。

圣门四科中德行科的另一个著名弟子冉耕大概也是在这个时候去世的。冉耕得了重病，孔子去看望他，冉耕可能得的是传染病，孔子没有进屋，从窗子里抓住他的手，非常惋惜地说："不行了，这是命啊！这样的人竟然得了这种病！这种人竟然得了这种病！"

孔子晚年不顺心的事也不少，鲁哀公十四年（前481年），也就是孔子去世的前两年，一年就有两件事。一件是在春天，鲁国打猎，打死一条怪兽，孔子听说后就专门去看，他说："这是麒麟啊！"麒麟是一种瑞兽，只有在政治清明、社会安定的时候才会出现，现在是乱世，麒麟出现后

→沐浴请讨

就被杀害，孔子说：“黄河里不出现神龙背负河图，洛水里不出现灵龟背负洛书，我就要完了我的思想也到了尽头了。”天下清平无望，孔子绝望了，连正在编写的《春秋》也停笔不写了。二是齐国的陈恒杀死了齐简公。陈恒杀死了国君，孔子认为这是大逆不道的大事，他斋戒三天，然后去见鲁哀公，三次请求鲁哀公出兵讨伐陈恒，鲁哀公认为鲁国已经被齐国削弱了很久，是不可能战胜的，孔子认为齐国有一半人不支持陈恒，加上鲁国就能战胜他。鲁哀公没有办法，就说你去告诉季孙氏吧，孔子一看

↑**梦奠两楹** 孔子梦见自己坐在两个廊柱之间，与孔子祖先殷代人停柩的方式相似，就认为自己快要死了。

↑**孔子墓**　墓在曲阜孔林内。

↑**治任别归**　孔子死后，弟子守墓三年后离去，独子贡再守三年。

没有希望了，就从鲁哀公的宫殿里退了出来，对别人说："因为我是一个大夫，所以我不敢不说话。"

鲁哀公十六年（前479年）四月，孔子病了，子贡前来看望，孔子正拄着拐杖在门口悠闲地散步，他看到子贡就说："你为什么来得这么晚？"然后长叹一声唱起了歌："泰山就要倒了，梁柱就要断了，哲人就要死了。"他泪随歌下，对子贡说："天下失去正道已经很久了，没有人尊奉我的主张。夏代人的棺材停放在东边的台阶旁，周代人的棺材停放在西边的台阶旁，殷代人的棺材停放在两个柱子之间。昨天晚上我梦见自己坐在两个柱子之间接受祭奠，我原来是殷代人啊。"孔子觉得自己快要死了。七天后，孔子就去世了。这天是周代历法的四月己丑，也就是夏历的二月十一日。

孔子死后，鲁哀公曾亲自为孔子致吊唁的诔词："旻天不吊，不慭遗一老，俾屏余一人以在位，茕茕余在疚。呜呼哀哉！尼父，无自律！"老天爷不善良，为什么不留下这个老人，使他保护我在位治国，孤零零的我内心痛苦。呜呼哀哉！孔子，我没法控制自己！子贡听了哀公的诔词后说："国君恐怕不能在鲁国寿终正寝吧。老师孔子曾经说过：'丧失礼法就会昏乱，丧失名分就有过失。'丧失意志就叫昏乱，丧失名分就叫过失。活着的时候不能任用，死了以后却致词悼念，这是不合乎礼仪的。自称'一人'，这是不合乎名分的。国君这两方面都错了。"事实证明，子贡的判断是正确的，十一年后，鲁哀公被三桓所逼逃往越国，第二年客死在那里。

↓子路手植楷

相传子贡在为孔子守墓时栽植。

孔子惟一的儿子孔鲤已经去世，孙子子思年幼，丧事是由弟子们料理的。弟子们将孔子埋葬在鲁国城北的泗水南岸，并为孔子守墓三年。守墓期满，相对而哭，道别而去，有的弟子就留在了鲁国，只有子贡在孔子墓侧守墓六年。弟子们在给孔子守墓时，还都从自己的家乡带来树栽植在孔子墓的周围，所以孔林里树木种类繁多，至今还有许多并非本地的树种。

↑**孔林鸟瞰**

孔林是孔子及其后代的墓地，有墓葬十多万座。

孔子死后，弟子和本地人有一百多家迁移到孔子墓前居住，以致形成了名为孔里的村落。当时人们按时在孔子墓前举行祭祀，而鲁国的儒生们也在孔子墓前举行乡饮大射的礼仪活动。孔子死后，子孙们也埋葬在孔子墓的周围。从汉代开始，孔林由国家进行保护，经过历代扩建，到清康熙年间就扩展到占地两平方公里的规模，并修建了长达七公里余的围墙。

孔子去世后，他的故居被改作庙宇，收藏了孔子生前使用过的衣服、帽子、琴、车子和书籍。汉高祖刘邦路过曲阜曾经亲自用太牢（牛、猪、羊等祭品）祭祀孔子，后代儒家认为此举奠立了汉家四百年的基业，以后许多皇帝纷纷效仿，东汉光武帝刘秀、明帝刘庄、章帝刘炟、安帝刘祜、北魏孝文帝元弘、唐高宗李治、唐玄宗李隆基、后周太祖郭威、宋真宗赵恒、清圣祖玄烨、清高宗弘历都曾亲自到曲阜孔庙祭祀孔子。历代王朝也对孔子庙保护有加，不断扩大维修，使孔子庙成为世界上延续时间最久的庙宇。

历代王朝在推崇孔子的同时，也对孔子后裔备加优待。汉高祖刘邦始封孔子九代孙孔腾为奉祀君，主管祭祀孔子和看护孔子林庙。此后代代加封，相继被封为褒成君、褒成侯（汉）、宗圣侯（曹魏）、奉圣亭侯（晋至陈）、崇圣侯（北魏）、恭圣侯（北齐）、邹国公（北周）、绍圣侯（隋）、褒圣侯、文宣公（唐），北宋至和二年（1055 年），宋仁宗改封孔子四十六代孙孔宗愿为衍圣公，此封号历经金、元、明、清而不改，1935 年才因

→孔庙鸟瞰
孔庙是在孔子故宅基础上扩建成的，占地面积13万平方米，有建筑100多座。

共和体制下不能保存封建爵号改封为大成至圣先师孔子奉祀官。历代还为孔子嫡孙修建了办公衙署，宋代以后称为衍圣公府，人们习惯上称为孔府。

现在，孔林、孔庙、孔府均因具有重要的历史文化价值被联合国教科文组织公布为世界文化遗产。

↓孔府鸟瞰
孔府是孔子嫡孙的官署和住宅，占地面积12万平方米，有建筑600多间。

孔子的思想

→孔子、颜回、曾参三圣像 ［明］佚名 作，衣服上写满了《论语》。

孔子出生在鲁国一个破落的小贵族家庭里，家境贫寒，但他不甘沉沦，自幼潜心向学，以食无求饱、居无求安的精神，学无常师，不耻下问，好古敏求，学而不厌，一生都如饥似渴地追求知识，终于使自己成为知识渊博、多才多艺的文化巨人。

孔子生逢乱世，但他敢于抗争，以济世化民为己任，积极入世，干预社会，改造社会，提出“天下为公”的大同世界理想和“刑仁讲让”的小康社会近期目标。他主张仁政德治，提倡教化，反对苛政，壮志难酬，兴学设教，对传统思想文化进行整理、总结，融会贯通，锻造出博大精深的儒家思想体系，成为我国古代最伟大的思想家、政治家、教育家。

正如古人所赞颂的那样，孔子确实是“集古圣先贤之大成”，他既是集过去时代学问思想的大成者，又是一个新时代的开创者。他所创立的儒家思想体系，思想精深，内容广博，按现代方法划分，包括哲学、政治学、伦理学、教育学、经济学、史学、文艺学、军事学等许多思想领域。

政治思想

孔子创立的儒家思想曾经是中国两千多年封建社会的思想基础和精神支柱，它既是统治者治国安民的圭臬，也是平民百姓修身立世的准则，对中国社会的各个方面都产生了非常深刻的影响。孔子虽然被尊为至圣先师，但他对中国社会影响最深的并不是他的教育思想，而是他的政治思想。

政治理想

孔子生活的春秋时期，大一统的周王朝已经名存实亡，周天子虽然名义上为天下共主，但权力已经下移，“王道衰，礼义废，政教失，国异政，家殊俗”，王道衰微，礼仪废弛，诸侯各自为政，大夫掌握了国家的命运，家臣掌握了大夫的实权，社会严重失序，“君不君、臣不臣、父不父、子不子”成为时代的显著特点。孔子为了重整社会秩序，针对当时的社会现实，通过考察古代政治制度的兴废、社会的治乱和国家兴亡的历史，从仁的人本哲学思想出发，以怀古的方式憧憬未来，提出了大同世界和小康社会两个不同档次的政治理想。

大同世界是孔子的最高理想，远期的目标。他的美好蓝图见于《礼记·礼运》：

“大道之行也，天下为公，选贤与能，讲信修睦，故人不独亲其亲，不独子其子，使老有所终，壮有所用，幼有所长，矜寡孤独废疾者皆有所养。男有分，女有归。货，恶其弃于地也，不必藏于己；力，恶其不出于身也，不必为己。是故谋闭而不兴，盗窃乱贼而不作，故外户而不闭，是谓大同。”

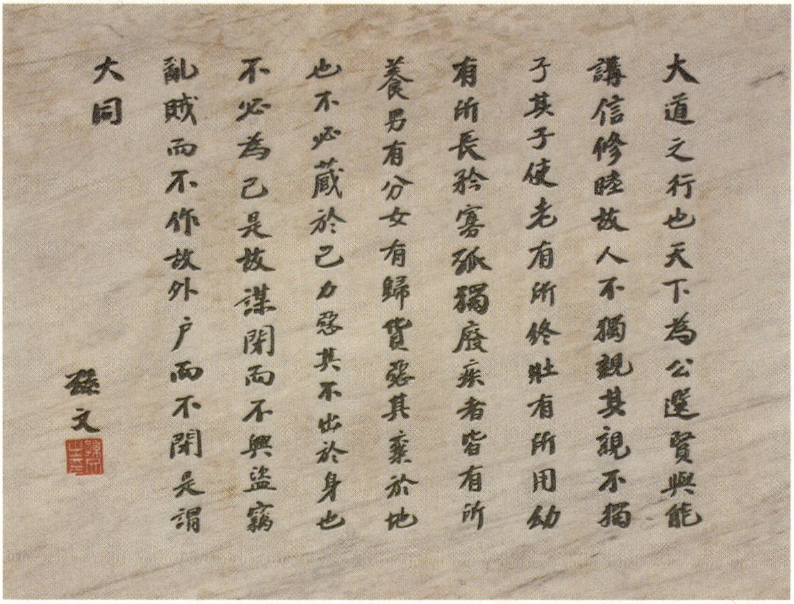

→孙中山书“大同”篇

天下大同的社会，天下为人民所共有，选举德才兼备的人才来治理，人们讲究信用，和睦相处，不只亲爱自己的亲人，抚养自己的子女，而且使所有的老年人都得到赡养，成年人都能施展自己的才能，儿童都能得到抚养，鳏夫、寡妇、孤独者、残疾人都能得到照顾；男子都有自己的职责，女子都能适时嫁人；人们厌恶财富被浪费但并不攫为己有，厌恶有力气不用但不为自己谋利；阴谋诡计被遏制，盗贼和乱贼无法出现，夜不闭户，这是一幅多么美好的社会景象。这是孔子憧憬的古代理想社会，也就是传说中的尧、舜时代的社会美景，它是孔子政治理想的最高境界。

小康社会是孔子较低的政治理想，近期的目标。他的蓝图也见于《礼记·礼运》篇：

“今大道既隐，天下为家，各亲其亲，各子其子，货、力为己；大人世及以为礼，城郭沟池以为固，礼义以为纪，以正君臣，以笃父子，以睦兄弟，以和夫妇，以设制度，以立田里，以贤勇知，以功为己。故谋用是作，而兵由此起，禹、汤、文、武、成王、周公由此其选也。此六君子者，未有不谨于礼者也，以著其义，以考其信，著有过，刑仁讲让，示民有常。如有不由此者，在执者去，众以为殃。是谓小康。”

“小康”社会的基本特点是：天下变成了私人的天下，人们只亲爱自己的亲人，只抚养自己的子女，财富、力气都为自己；官位世袭，与这种贵贱不等相适应，制定了一系列的典章制度、伦理道德，以端正君臣关系，加深父子亲情，和睦兄弟，和顺夫妻，划分田地，尊敬勇敢聪明的人。这种社会显然没有“大同”世界那样完美，权谋施展，战争兴起，但社会有序，以礼表彰道义，成全信用，揭露过失，树立仁爱，提倡谦让，指示人们遵守法规，可以称为小康社会。小康社会实际上描述了私有制产生后的理想的阶级社会的盛世，也就是夏、商、周阶级出现之初的社会景象，这是孔子近期的奋斗目标。

近代学者认为，《礼记》是孔子以后才出现的著作，虽然大同、小康的描述都出自孔子之口，但并不可信。实际上，大同、小康的思想在《论

↓**周公庙**

庙在曲阜东关外。

语》中也有反映。孔子理想中的大同社会就是尧舜时期，孔子称赞尧舜重用贤人，“唐虞之际，于斯为盛”，盛赞尧“惟天为大，惟尧则之”，尧能像天一样大公无私，“荡荡乎，民无能名焉。巍巍乎其有成功也，焕乎其有文章”，恩惠广博，老百姓都不知道怎样赞美他，功绩很大，制度美好。称赞舜有天下而不与焉，贵为天子，富有四海，一点都不为自己。再结合《论语》中的仁爱、礼义、君臣、父子等观点来看，《礼记·礼运》中的思想与《论语》中的孔子思想是一致的，大同、小康思想完全可以看作是孔子的思想。

孔子的“天下大同”和“小康”社会的政治理想对中国历史影响很大，不同历史时期，不同阶段都有思想家、革命者提出过不同的憧憬蓝图，不同时代的思想家、政治家都有人曾经受到启发，像洪秀全、康有为、谭嗣同、孙中山都曾受到它的影响，近代民主革命家、思想家孙中山提出的“民族、民权、民生”三大主义就是吸收了孔子的大同主张和儒家的民本思想并结合了西方资产阶级的思想，而现在我国的社会主义初期阶段也以小康社会作为奋斗目标，虽然此小康并非彼小康。

→尧像
父系社会后期的部落联盟首领，考察三年后将天下禅让给舜。

政治主张

为了改变社会失序的局面，实现自己的政治理想，孔子提出了建设理想社会的政治主张，就是要尊崇天子，推行仁政，实行德治，富民教民，选用贤才。

春秋时期，社会失序，社会动乱，最主要的原因就是周天子失去了管理国家的权力，诸侯擅权，不尊王室，各自为政，互相攻伐，给人们带来无穷的灾难。孔子认为，要使社会有序，必须尊崇周天子，维护周天子的绝对权威，恢复大一统的局面。孔子自知人微言轻，难以扭转这种混乱局面，只能以笔代刀，将自己的观点寄托在著述中。孟子说 :“世衰道微，邪说暴行有作，臣弑其君者有之，子弑其父者有之。孔子惧，作《春秋》。《春秋》，天子之事也，是故孔子曰:‘知我者其惟《春秋》乎！罪我者其惟《春秋》乎！’”在《春秋》中，孔子开始就书“王正月”，对此，《公羊传》解释说 :“王者孰谓？谓文王也。何谓先言王而后言正月？王正月也。何言乎王正月？大一统也。”周文王改定的周历正月，首书“王正

↓观周明堂

孔子在周明堂看到尧舜贤明帝王和桀纣亡国之君以及周公辅助成王的画像，认为这是周朝兴盛的原因。

月”，是表明天下统一，各地都实行周天子的政令。为了维护周天子的权威，周天子被晋国很不礼貌地召到践土，这种不尊王室的行为是孔子所不能容忍的，也不是后世应该效法的，所以孔子不能秉笔直书，为尊者讳，记载为“天王狩于河阳”，周天子到河阳去打猎，以此维护周天子的尊严。孔子在《春秋》中维护大一统，尊崇周天子，笔诛乱臣贼子，所以孟子说“孔子成《春秋》而乱臣贼子惧”。尊王实际上就是维护大一统，孔子大一统的思想对中华民族的巩固统一作出了重要贡献。

孔子主张仁者爱人，爱人的思想表现在政治上就是要推行仁政，薄赋敛，轻徭役，厚施与，省刑罚。

薄赋敛就是减少向人民征收的赋税。鲁哀公问于有若曰：“年饥，用不足，如之何？”收成不好，公室费用不足，怎么办。有若建议将税收标准由十分之二改为十分之一，鲁哀公认为“二，吾犹不足”，怎么能减少呢？有若说：“百姓足，君孰与不足？百姓不足，君孰与足？”大灾之年，要减少百姓的赋税，百姓富足了，国君才能富足，百姓不富足，国君怎么能富足呢？这种以民为本的思想是非常可贵的。《论语》中的这段话虽然出自孔子弟子有若之口，但它无疑也反映了孔子的思想。季孙氏要增加土地赋税，派冉求去征求孔子的意见，孔子主张“施取其厚，事举其中，敛从其薄”，季氏没有听从孔子的意见，照常增加田赋，冉求作为季氏的家

↓侍席鲁君

孔子认为国家的急务是使人民富裕长寿，节省力役，减轻税收人民就富裕，提倡礼教，减少刑罚人民就长寿。

臣也帮助推行，孔子就公开宣布冉求不是自己的弟子，鼓动弟子们敲着鼓去攻击他。

←晏婴沮封 齐景公问怎样治理国家，孔子认为要节省财力。

轻徭役就是少派人民去从事不必要的国家建设，“省力役，薄赋敛，则民富矣”，节省劳役，减少赋税，人们就会富裕；使用劳役要不误农时，“使民以时”；使用劳役要合乎道义，“使民也义”；使用劳役要做人民愿意做的事情，“择可劳而劳之”。厚施与就是要多给人民好处，“养民也惠”（教养人民要有恩惠），“施取其厚”（给与人民要多），“博施于民而能济众”（广泛地给人民以好处并帮助众人），当然要贵族平白无故地拿出财物给人民也是很困难的，孔子提倡“惠而不费”（给人以好处而自己却不破费），就是“因民之所利而利之”（看人民在哪方面可以得利便引导人民向哪方面去求利）。

省刑罚就是对人民少用刑律处罚，要“胜残去杀”（克服残暴，免除虐杀），季康子问孔子“如杀无道以就有道”（假如杀掉坏人来亲近好人）怎么样时，孔子明确反对，“子为政，焉用杀”。孔子反对残暴的政治，“苛政猛于虎也”就是他的著名观点。“孔子过泰山侧，有妇人哭于墓者而哀。夫子式而听之，使子路问之。曰：‘子之哭也，壹似重有忧者。’而曰：‘然。昔者吾舅死于虎，吾夫又死焉，今吾子又死焉。’夫子曰：‘何为不去也？’曰：‘无苛政。’夫子曰“‘小子识之，苛政猛于虎也。”（《礼记·檀弓下》）残暴的统治比吃人的老虎更可怕。

孔子一直重视道德，主张依据道德来处理政事，进而形成了系统的德治思想。“为政以德，譬如北辰，居其所而众星共之”（《论语·为政》），“道之以德，齐之以礼，有耻且格”（《论语·为政》），用道德治理社会，人民不但知道廉耻，而且也会归服，就像群星环绕着北极星一样。实行德治要对人民进行教化，要“齐之以礼”，用礼教对人民进行整顿，使人民有羞耻之心，人民有羞耻之心就能自觉地不去犯罪；“道之以政，齐之以刑，民免而无耻”，用政令来引导，用刑罚来整顿，人民虽然也能免于犯罪，但不会有羞耻之心，这种免于犯罪是不敢而不是自觉地避免，当然要比自觉地不去犯罪低了一等。礼字在《论语》中出现75次，它是孔子思想的重要概念，以致后人有的认为礼就是孔子思想的核心，其实，礼是约束人们行为的外在规范。“约之以礼”就是用礼来约束自己的行为，“克己复礼”就是克制自己使自己的行为合乎礼的规定，这些都是通过自觉使自己的行动符合社会规范，“齐之以礼”则是通过教育使人不去违背社会规范。

孔子主张德治，提倡进行教化，反对严刑峻法，但他并不否定刑罚，德治与刑罚是治国的两手，两手都要用，要交替使用。“政宽则民慢，慢则纠之以猛，猛则民残，残则施之以宽。宽以济猛，猛以济宽，政是以和”（《左传·昭公二十年》）。政令宽大百姓就会怠慢，怠慢了就要用严厉来纠正；政令严厉了百姓就会受到伤害，伤害了就要用宽大来补救。用宽大作严厉的补救，用严厉作宽大的补救，政事才能和顺。孔子虽然赞同用严厉

↓林放问礼处
在曲阜城南。

作为宽大的补救，但孔子反对不进行教育就严厉处罚，“不教而杀谓之虐”，不加教育便进行杀戮就是对人民的虐待。

富民教民是孔子的又一个重要政治主张。孔子进入卫国看到人口众多，不禁称赞说：“庶矣哉！”弟子冉有问人多了以后怎么办，孔子说：“富之。”使他们富起来，冉有又问富了以后怎么办，孔子说：“教之。”教育他们。《论语》中的这段对话反映了孔子富民教民的重要观点，现代学者把它简称为庶、富、教。在春秋时期，地广人稀，人是宝贵的资源，统治者喜欢人多，人多就能为统治者多创造财富，但孔子考虑问题的角度和统治者不同，他首先考虑的是改善人民的生活，让人民富裕起来，在人民富裕起来后，还要对人民进行教育，提高人民的文化素质，这也体现了孔子爱人的思想，孔子是一位具有民本思想的政治家。

孔子深知，政治的好坏取决于执政者，他说：“文武之政，布在方策。其人存，则其政举；其人亡，则其政息。……故为政在人……”（《礼记·中庸》）文王、武王的政令都记载在典籍里面，那些圣君贤臣在位，那些政令就能施行；那些圣君贤臣不在了，那些政令就废止了。为政之道，关键在于贤人。弟子子贡在公孙朝询问孔子的学问是从哪里学来的时候，子贡告诉他说：“文武之道，未坠于地，在人。贤者识其大者，不贤者识其小者。”（《论语·子张》）也强调了人才的重要。孔子特别强调贤人的重要，他说：

↓**儒服儒行**
儒者要有刚毅自守、举贤援能、特立独行等品德。

↑武城弦歌

孔子赞扬子游以礼乐教化治理地方。

“舜有天下，选于众，举皋陶，不仁者远矣。汤有天下，选于众，举伊尹，不仁者远矣。”（《论语·颜渊》）选用了贤才，坏人连存身之地都没有了。所以孔子提出要“举贤才”，选拔有能力的人来执政。孔子非常重视人才，鲁哀公问政时他说“尊贤为大”，尊重贤人最重要。弟子子游任武城宰，孔子便问他你得到人才没有(女得人焉耳乎)，弟子仲弓问怎样找到人才(焉知贤才而举之)，孔子告诉他：“举尔所知。尔所不知，人其舍诸？”（《论语·子路》），选拔你所知道的人才，你不知道的人才别人也不会埋没他。鲁哀公问怎样才能使人民服从时，孔子说：“举直错诸枉，则民服；举枉错诸直，则民不服。”（《论语·为政》）把正直的人提拔到不正直的人上面人民就服从，选拔正直的人才才符合民意。

孔子知道实现自己的政治理想需要大量的人才，他创办私学的目的就是要培养能推行自己主张的德才兼备的贤才，所以当季康子问其弟子是否可以从政时，孔子极力推荐，“由也果”“赐也达”“求也艺”，仲由果敢决断，端木赐通情达理，冉求多才多艺，都是从政的高手。弟子中确实有许多德才兼备的人才，闵损曾任费宰，冉求、冉雍曾任季氏宰，子游曾任武城宰，卜商曾任莒父宰，宓不齐曾任单父宰，端木赐曾任信阳宰，宰予曾任临菑大夫，高柴曾任费宰、郈宰，子路任官最多，曾任季氏宰、蒲大夫、卫大夫、孔悝邑宰。许多弟子实践了孔子的政治主张，子游任武城宰，大兴教育，入境即闻弦歌之声，宓不齐治单父师事贤人，子路治理蒲地，田地开辟，沟渠整治，房屋坚固，树木繁茂，衙门清闲，未见子路而孔子已经再三称赞。

伦理思想

伦理二字最初是分别单独使用的。伦的本意是辈，《说文解字》说:“伦，辈也。从人，仑声。”后引申为类、条理、秩序、顺序，再引申为不同辈分之间应有的关系，如父子、夫妇、长幼、朋友、君臣之间的亲、别、序、信、义等人伦关系。理的本意指治玉，《说文解字》说 :“理，治玉也。”具体是指治玉时的剖析、分析，治玉时要按照玉石的纹理剖析，引申为纹理、条理，再引申为道理。《礼记·乐记》首先将伦理二字合用，“乐者，通伦理者也。”音乐是沟通伦理道德的，所以以后伦理就用来概括处理人与人相互关系应该遵循的道理和准则。

与西方文化重思辨、重逻辑的特点相比，中国文化最大的标志性特点就是伦理思想特别发达，伦理思想的社会作用特别明显。在中国伦理思想中，儒家伦理思想的影响最大，作用也最明显，而儒家伦理思想中最主要的还是孔子的伦理思想。

伦理思想是孔子思想的重要组成部分，以致德国哲学家黑格尔错误地认为孔子的哲学就是“道德哲学”。仁是孔子思想的核心、基础，也是孔子伦理思想的核心、基础。孔子以仁作为最高道德理想和道德准则，在“仁者爱人”原则的指导下，对传统的伦理思想既继承又有所发展，形成了一套完整的伦理思想体系。

孔子伦理思想内容丰富广泛，包括忠、孝、仁、义、礼、智、信、恕、温、良、恭、俭、让、宽、敏、惠、廉、耻、勇、直、悌、笃等众多道德条目。限于篇幅，下面只对忠、孝、仁、义、礼、智、信、恕、让、恭、敬等十一条伦理条目进行介绍。

↑因膰去鲁 鲁国祭祀后不按照礼仪向大臣们分送祭肉，孔子愤而辞官周游列国。君使臣以礼，臣事君以忠，国君不依礼使用臣子，臣子也不必奉事国君。

忠

忠是孔子伦理道德的一个重要原则，也是孔子伦理思想中备受非议的内容。经过二十世纪以来的批判，一提到忠人们马上想到的就是“君要臣死，臣不得不死”的愚忠，并将愚忠归罪于孔子，其实这是对孔子忠的误解，愚忠并非是孔子忠的原意。

“忠”是一个晚出的字，甲骨文中没有，金文最早见于战国晚期约310年左右的中山王鼎、壶铭文“余智（知）其忠（信）”“渴（竭）志尽忠”。“忠”在文献中使用也很晚，《尚书》《诗经》中无“忠”字，《左传》中“忠”字凡数十见。桓公六年（前706年），季梁劝随君说：“所谓道，忠于民而信于神也。上思利民，忠也。”忠就是要求统治者要利民，忠于人民。庄公十年（前684年），齐鲁长勺之战，曹刿论战，庄公认为衣食分人、祭祀以信可以为战，曹刿认为小惠未遍、小信未孚，民不从，神不佑，不可为战，当庄公认为“小大之狱，虽不能察，必以情”时，曹刿认为可以为战，因为此为“忠之属也”。显然，这里的忠指的是国君忠于职守，忠于人民。以后又有僖公九年（前651年）晋人荀息的“公家之利，知无不为，忠也”，成公九年（前582年）晋范文子的“无私，忠也”，襄公十四年（前

559 年）楚人子襄的“将死不忘卫社稷，可不谓忠乎”，昭公元年（前 541 年）赵孟称赞叔孙的“临患不忘国，忠也”，以上引文包括君与臣的言语、行为，均是指利国、利公、利民，并非是臣事君的道德要求。但是，专指臣事君道德要求的“忠”也在《左传》中出现了，僖公五年（前 655 年），晋国士蔿奉命为公子修筑城堡，修城时故意将柴草放置在城墙中，当国君责问时，士蔿回答说筑城于国家不利，容易被人用来对抗国君，筑城不坚固是不敬，筑城坚固被敌人利用是不忠，“守官废命，不敬；固仇之保，不忠。失忠与敬，何以事君”，将“忠”作为事君的标准之一。

作为政治伦理的“忠”之所以出现得很晚，这是社会制度所造成的。奴隶社会是宗法社会，实行以亲亲为原则的家族和政治体制，这种制度到西周初年已逐步完善。天子是天下的共主，嫡长子继承王位为大宗，其他儿子是小宗，被分封到各地为诸侯。诸侯嫡长子继位为诸侯，是诸侯国的大宗，其他儿子封为大夫，是诸侯国的小宗。在这种制度下，君臣关系既是政治关系也是一种具有血缘关系的宗族关系，两种关系是统一的。为了维护这种关系，“孝”就成了社会的最高规范和道德准则，它既是家庭道德也是社会道德。

“忠”作为政治道德原则是随着封建关系的产生而产生的。春秋时期，随着生产力的发展，生产关系和政治制度也逐渐开始变革。奴隶主或开辟土地致富，或经商致富，或从事制造业致富，逐渐产生了大夫富过诸侯、诸侯富过天子的现象。致富的诸侯开始争霸，致富的大夫开始夺位，而未富的诸侯和大夫也不甘心失去自己原有的地位。为了达到争霸、夺位和自保的目的，诸侯、大夫争相招贤纳士，招纳了许多没有血缘关系的人士为官，逐渐突破了宗族关系的政治体制，原有的孝道已经无法用来维护新的政治关系了。为了约束这些没有血缘关系的官员，维护新生的政治关系，“忠”作为新的行为准则出现了。它要求臣子忠诚于自己的君主，忠君的思想也就产生了。

忠在《论语》中共出现 18 次，其中单独出现 11 次，与“恕”合作“忠恕”出现 1 次，与“信”合作“忠信”出现 6 次。就其内容看，分别回答了从政、事君、治民、交友、处世、修养等问题，大都属于处理人际关系的范围。而把这些属于处理人际关系的言语进行分类，最为突出的还是交友、治

民、事君三大类，它们分别属于个人与个人、个人与集体之间的关系。

孔子谈论忠，最多的是交友，直接谈论交友的有七章（内一章重复），涉及到待友的原则、择友的标准、待友的方法，内容很丰富。

朋友关系是一种重要的人际关系，它与君臣关系、父子关系、夫妇关系、兄弟关系并称为封建社会的五伦，被当作人与人之间最基本的关系。在五伦中，朋友关系是最不稳定的，父子、兄弟有血缘关系来维系，夫妇有爱情关系来维系，君臣有禄位的授受关系来维系，而朋友既没有血缘的、情感的关系来维系，也没有政治的关系可以借助，朋友关系最不稳定，孔子认为朋友关系只能依靠忠信来维系。

忠在朋友关系中指接人待物要尽心竭力，真诚专一。“与人忠”被孔子当作人的最高道德品质“仁”的重要内容。所以孔子将忠作为教育弟子的四项主要内容之一，“子以四教：文、行、忠、信”（《论语·述而》）。孔子一再教育弟子“主忠信”“言忠信”“言思忠”。对朋友的要做诤友，对朋友要敢于批评指正，“忠焉，能勿诲乎”（《论语·宪问》）。忠于朋友，能不进行教诲吗？在孔子的教育下，弟子们非常重视待人以忠，曾子就曾把“为人谋而不忠乎”作为“吾日三省吾身”的首要内容，他是深得孔子交友原则的真谛的。

↓**三省自治坊**
坊在山东嘉祥县曾子庙前。

忠一直被孔子当作交友的基本原则，交友属于人与人之间的关系，孔子将忠列为人与人关系的道德原则，这是孔子对忠内容的扩大。

孔子在关于忠的论述中，两次提到官民关系：

季康子问："使民敬、忠以劝，如之何？"子曰："临之以庄，则敬；孝慈，则忠；举善而教不能，则劝。"（《论语·为政》）

季康子问怎样才能使人民严肃认真、尽心竭力、互相劝勉，孔子告诉他你对人民的事情严肃认真，人民对你的政令就严肃认真，你孝顺父母、慈爱幼小，人民就会尽心竭力，你提拔贤人，教育能力差的人，人民就会互相劝勉。

子张问政。子曰："居之无倦，行之以忠。"（《论语·颜渊》）

子张问如何从政，孔子告诉他在位做官不要懈怠，执行政令要尽心竭力。

这两章的"忠"属于两种类型，前者讲执政官员怎样才能使人民尽心竭力，后者要官员尽心竭力，其实这两章都是对执政官员的要求。执政官员希望人民尽心竭力，但要想人民尽心竭力，官员必须从自身做起，要孝顺长上，慈爱幼小，当官勤勤恳恳，尽心竭力。

事君属于君臣关系，君臣关系是一种被注入政治伦理的特殊的人际关系，在这种关系中主体和客体的关系是不平等的：客体君位于主导地位，主体臣位于从属地位。但事君不仅仅是人与人之间的关系，而且还是个人与集体之间的关系，因为国君是国家的代表，事君就是服务国家。

在孔子关于忠的论述中，论述事君的非常少，仅有一章：

定公问："君使臣，臣事君，如之何？"孔子对曰："君使臣以礼，臣事君以忠。"（《论语·八佾》）

"臣事君以忠"是孔子对春秋中期以来忠君思想的继承，但它决不是简单的继承，而是加以了发展，这个发展就是"君使臣以礼"，将臣子单方面的忠君义务修正为君臣双方互有条件的义务。"臣事君以忠"是有前提的，这个前提就是"君使臣以礼"。国君只有依礼使用臣子，臣子才能忠心地服事君主，这是孔子提出的君臣关系的准则。如果国君不依礼使用臣子，臣子应该怎么办？孔子在此章中没有说，但在其他章中说的还是很明白的。"以道事君，不可则止"（《论语·先进》），用道义奉事君主，

如果行不通就辞职不干。孔子是这样说的，也是这样做的，当鲁国国君没有按照礼仪在祭祀后向大夫们分送祭祀的膰肉时，孔子毫不贪恋荣华富贵，毅然辞官出走。在《论语》中，孔子还多次提到事君的原则，要“事君尽礼”（《论语·八佾》），“弑父与君，亦不从也”（《论语·先进》），以礼事君，君主做坏事，绝不能顺从；对国君的不良行为，要“勿欺也，而犯之”，不能阳奉阴违地欺骗他，而要当面劝谏他、触犯他。

孔子给忠增加了利他的含义，使忠从利民、利公、利国、利君的单纯政治伦理范围扩大到利他的社会伦理范围，忠不再仅仅是处理人与集体关系的准则，还成为处理人与人关系的准则。

东汉时，随着封建集权制的加强，孔子“君使臣以礼、臣事君以忠”的君臣关系被僵化成“君为臣纲”，忠君思想从此强化了封建专制，禁锢了人们的思想。二十世纪以来，人们将孔子当作“君为臣纲”的始作俑者、封建专制主义的祖师爷而大加挞伐，其实，这是不公正的。

↑**汤像**　本是夏朝的属国首领，推翻夏朝的残暴统治，建立了商朝。

孔子论忠主要是指朋友关系，虽然孔子也谈了忠君问题，但忠君也是有前提的。结合《论语》中孔子关于事君的论述、评价来看，孔子的忠君思想是很淡薄的。首先，孔子没有后世儒家所强调的“君权神圣不可侵犯”的观念。商汤、周武王作为臣子发动战争分别推翻了残暴的君主夏桀、商纣，孔子不但没有非议这种“弑君”行为，反而称赞他们为君子，在《论语》中称赞商汤举伊尹的行为，称赞武王有至德。从此可以看出，孔子不但没有后世的忠君思想，反而赞成推翻残暴的君主。其次，孔子没有后世所提倡的“忠臣不事二主”的概念。管仲是公子纠的老师，公子纠被齐桓公所杀，管仲不仅没有为公子纠尽忠，相反却为公子纠的敌人齐桓公效力，帮助齐桓公成就霸业。像管仲这样一位“贰臣”，孔子不仅没有指责他，反而高度评价他具有“仁”德——孔子心目中最高的品德：“桓公九合诸侯，不以兵车，管仲之力也。如其仁，如其仁。”（《论语·宪问》），后人将“君为臣纲”的始作俑者强指为孔子是毫无道理的。

↑岳母刺字雕像

雕像在新加坡河畔。

其实，忠君只是忠的特殊政治涵义，是利国、利公、利他意义的转化，将利国、利公、利他的对象限定为国君一个人，将个人与国家的关系界定为与国君一人的关系。在历史上忠君是与爱国联系在一起的，国君是国家的代表，忠君就是爱国。岳母在岳飞背上刺写“尽忠保国”，尽忠的目标就是国家。虽然中国历史上出现过许多不分青红皂白只效忠于一姓的愚臣，但真正的忠臣并不是效忠于某姓或某位国君，而是忠于中华民族。南宋末年，李庭芝拒不执行投降了蒙古的小皇帝和太后命他降元的诏书，文天祥在南宋灭亡后仍然坚不降元，他们才是真正的忠臣。古人都能正确对待忠君与爱国，我们就不能正确对待忠君思想吗？何况，帝制已经垮台了 90 多年，早已没有了国君。只要我们将忠的特殊政治涵义定位为忠于国家，就可以继续发挥忠的作用。

孝

孝本来的意义是祭祀，《诗经》“以孝以享”、《论语》“菲饮食而致孝乎鬼神”、金文中的“虞司寇白吹作宝壶，用享用孝”中的孝都是祭祀的意思。道德规范中的孝顺含义是孝后起的意义，《左传》“父慈子孝”、《诗经》“君子有孝子”、《论语》“弟子入则孝”中的孝都是孝顺的意思。

孝作为道德规范是很早就形成的，早在奴隶社会，就已经成为了最高道德规范和道德准则。奴隶社会是宗法社会，君臣关系既是政治关系也是具有血缘关系的宗族关系，两者是一致的。为了巩固统治，维护这种关系，“孝”就成了社会的最高道德规范和道德准则。所以“孝”字在西周的文献中大量使用，《尚书·尧典》称赞虞舜为“以孝烝烝”（孝德厚美），

↑孝经传曾

孔子将孝道传授给曾子，曾子作《孝经》。

同书《康诰》指斥“不孝不友”为“元恶大憝”（罪大恶极），《诗经》中“孝”字凡十七见，“永言孝思，孝思维则”（《下武》），“孝子不匮，永锡尔类”（《既醉》），“孝孙有庆，报以介福，万寿无疆”（《楚茨》），“孝孙有庆。俾尔炽而昌，俾尔寿而臧”（《閟宫》）。孝是法则，孝顺之人可以辅佐天子，是君子的榜样；孝心不竭，神将永远赐福于你的后代，赏赐大福，赏赐万寿无疆。需要特别指出的是，《诗经》中的17个孝字，6见于《小雅》，6见于《大雅》，3见于《周颂》，2见于《鲁颂》，无一见于民歌《国风》，由此可见，孝主要还是统治阶级所热衷的伦理道德。

春秋时期，奴隶社会已经土崩瓦解，孝也失去了作为奴隶社会最高政治规范的意义，而只剩下社会道德规范的意义，所以孔子讲的主要是社会道德规范意义上的孝。

《论语》记载，孟懿子、孟武伯、子游、子夏曾分别向孔子问孝，孔子作了不同的回答。

孟懿子问孝。子曰："无违。"樊迟御。子告之曰："孟孙问孝于我，我对曰：'无违。'"樊迟曰："何谓也？"子曰："生，事之以礼；死，葬之以礼，祭之以礼。"（《为政》）

在此，孔子为孝确立了必须遵循的原则，那就是不论生养死葬还是死后的祭祀都必须严格执行礼的规定，无违就是不能违背礼法。礼的形式是仪式，但礼的本质是规范和法度，奉事父母合乎规范和法度就是孝，不合乎规范和法度就是不孝。无违，就是不要违背礼制。后人将无违解释为不能违背父母的意愿，要求不论父母的意见正确与否子女必须一律遵从，倡言"天下无不是的父母"，甚至提倡"父要子亡，子不得不亡"，错误地解释孔子的语意，将提倡愚孝的罪名加在孔子的头上，这对孔子真是天大的冤枉。

孟武伯问孝。子曰："父母唯其疾之忧。"（《为政》）

这章是孔子四次回答问孝中最为简洁的一次。文字虽然简洁，但包含的内容却很深刻。父母只担忧子女的疾病，言外之意就是除疾病之外没有任何可以让父母担忧的地方。其实，父母担忧子女的绝非只有疾病一项，父母最为担忧的还是子女的行事做人，特别是像孟武伯这样的贵族。孔子之所以只提出疾病一项，是因为疾病在医学并不发达的古代是人类自身所

↓**子路负米**
子路家贫，自吃野菜，到百里外为父母背米，事入二十四孝。江逸子作

难以避免的，而人的行为是自己完全可以掌握的，只要自己的行为处处、事事合乎礼法，父母就不会担忧。要做到孝，就必须使自己的一言一行合乎社会规范和法度，孝不仅是家庭伦理还是社会伦理。

子游问孝。子曰："今之孝者，是谓能养。至于犬马，皆能有养。不敬，何以别乎？"（《为政》）

子女孝顺父母不能仅仅满足于能够供养，如果不心存敬爱，那与养狗养马有什么区别呢?"子生三年，然后免于父母之怀"（《论语·阳货》），人三岁以后才能离开父母的怀抱，能不孝敬父母吗?要报答父母的养育之恩就必须心存孝敬，只有发自内心的爱敬才是真正的孝。

↑**鞭打芦花处**

后母虐待闵损，用芦花为他做棉衣，拉车时因天寒抱不住车绳，父亲生气，用鞭子打破衣服，发现是芦花，要赶走后母，闵损以"母在一人寒，母去三子单"劝阻了父亲。事入二十四孝。

在回答子夏问孝时孔子提出了色难：

子夏问孝。子曰："色难。有事，弟子服其劳；有酒食，先生馔，曾是以为孝乎？"（《为政》）

对于色难，历来有两种说法，一是汉代包咸解释的"谓承顺父母颜色乃为难也"，一是汉代郑玄解释的"和颜悦色是为难也"，今人杨伯峻先生认为郑玄的说法是对的，事奉父母，和颜悦色是最难的。其实，这章可以和答子游问孝联系起来加以理解。有事情，年轻人效劳，有好吃

↑赦父子讼
对父子打官司者，孔子认为应该用孝教育他们。

好喝的，年长的先用，这不能称作孝，只有和颜悦色地侍奉父母才能叫做孝。侍奉父母要做到一时一事和颜悦色是很容易的，但要做到时时、事事都和颜悦色却是很难的。人活在世上，难免会有不顺心的事情，难免会将不顺心表现出来，也难免不被父母觉察到，所以孔子说和颜悦色最难，只有对父母心存爱敬才能在不论何种情况下都能保持和颜悦色。

《论语》中还有一章谈到了孝与政治的关系：

或谓孔子曰："子奚不为政？"子曰："《书》云：'孝乎惟孝，友于兄弟，施于有政。'是亦为政，奚其为为政？"（《为政》）。

孝敬父母，友爱兄弟，虽然没有做官，通过自己的行动影响了社会风气也是参与了政治，而身在政界的官员更应该带头行孝，发挥表率作用。季康子问如何使人民尽心竭力，孔子告诉他"孝慈则忠"，统治者孝敬父母慈爱幼小，人民自然就会尽心竭力。

孔子谈孝的语言虽然不多，但对如何行孝却谈得非常具体，非常全面，孝顺必须合乎礼法，必须心存敬爱，必须和颜悦色，行事做人必须不让父母担忧，通过自己的孝行影响社会，改善社会风气。在孔子的影响下，弟子曾参将孝提高到"仁之本"的高度，汉代以来，许多王朝也都提倡以孝治天下，孝和睦了家庭，安定了社会，对社会的发展也起了积极的推进作用。

仁

仁是孔子思想体系的核心，在伦理学的意义上用来表示人的最高道德品质。后人将仁和义、礼、智、信合称为五常，是孔子伦理思想中最为重要的德目之一。

仁也是一个出现较晚的字，甲骨文、西周金文中均未见，《尚书》中出现 1 次，“予仁若考”（《金滕》），《诗经》中出现 2 次，“洵美且仁”（《叔于田》），“其人美且仁”（《卢令》），都是指好的品德。到春秋时，仁字才开始频繁使用，《左传》中出现 33 次，《国语》中出现 24 次，其中许多还出自孔子之口，《论语》中共出现 109 次，是《论语》中出现最多的伦理德目。

孔子说“仁者，人也”（《礼记·中庸》），孟子也说“仁也者，人也”（孟子 · 尽心下）），仁的意思就是人，是产生于人与人之间的伦理道德。《说文解字》说 :“仁，亲也。从人二。”两个人在一起就产生仁，它是人与人关系的伦理道德。

仁是孔子思想的核心，基本意义就是“爱人”，爱他人，也就是《论语》中所记载的“樊迟问仁。子曰 :‘爱人。’”（《颜渊》）孔子爱人的思想在当时是非常难能可贵的，因为在奴隶社会里，贵族和奴隶虽然都是人，但奴隶只是会说话的工具，是不被贵族当作人看待的。有人批判孔子，说孔子说的人只是奴隶主，不包括奴隶，真是睁着眼睛说瞎话。《论语》记载：“厩焚。子退朝，曰 :‘伤人乎？’不问马。”（《乡党》）孔子家的马棚失火，能伤到奴隶主吗？有喂马的奴隶主吗？就算是奴隶主不是喂马而是偶尔去马棚，孔子家还有奴隶主吗？孔子说的人当然也包括奴隶，爱人应该包括所有的人。

仁作为人的最高道德品质包含了许多内容。仁包括恭敬、宽厚、诚实、勤敏、慈惠五种美德，子张问仁，孔子告诉他，“能行五者于天下为仁矣……恭、宽、信、敏、惠。恭则不侮，宽则得众，信则人任焉，敏则有功，惠则足以使人”（《论语 · 阳货》），恭敬就不会招致侮辱，宽厚就会得到众人拥护，诚实就会得到别人信任，勤敏就会贡献大，慈惠就能使用别人。仁包括平日仪态端正，工作严肃认真，对别人忠心诚

←受饩分惠
孔子将季桓子送给自己的粮食全部送给别人。

意。樊迟问仁，孔子告诉他“居处恭，执事敬，与人忠”（《论语·子路》）。仁包括结交品德高尚的人，子贡问仁，孔子说“工欲善其事，必先利其器。居是邦也，事其大夫之贤者，友其士之仁者”（《论语 · 卫灵公》）。仁包括明大义，不拘泥于小节小信，齐桓公杀死公子纠，公子纠的老师召忽自杀，同为公子纠老师的管仲却去辅佐齐桓公，子路、子贡都认为管仲不仁，孔子却从民族大义出发，称赞管仲有仁德，因为他不以战争而九合诸侯，抵抗外族入侵。仁包括刚强、果断、质朴、说话谨慎四种品质，孔子教育弟子说：“刚毅木讷近仁。”刚强、果断、质朴、言语谨慎接近于仁德。“巧言令色，鲜矣仁”，而花言巧语、面容伪善就很少有仁德了。仁德最主要的内容是己欲立而立人，己欲达而达人，己所不欲，勿施于人。仲弓问仁，孔子说：“出门如见大宾，使民如承大祭。己所不欲，勿施于人。在邦无怨，在家无怨。”此段话包含了三个方面的内容，办事严肃认真，小心谨慎，自己不想做的事情不要强加于别人，不论在任何地方作任何事情都不要心存怨恨。在这三个内容中，最为重要的是己所不欲，勿施于人，在与人交往时体谅他人、尊重他人。孔子还说“夫仁者，己欲立而立人，己欲达而达人”，自己想有成就也得让别人有成就，自己想事事行得通也得让别人事事行得通。己欲立而立人，己欲达而达人，己所不欲，勿施于人，这是仁的最高标准，具有高度的人文主义和人道主义思想，是孔子思想最为可贵的内容之一。

↑克复传颜
孔子认为，克制自己，使自己的行为合于礼就是仁。

孔子认为仁德对于人非常重要："人而不仁，如礼何？人而不仁，如乐何？"（《论语·八佾》），一个人没有仁德，礼、乐还有什么用呢？一个人如果没有仁德，得到的也会失去，"知及之，仁不能守之；虽得之，必失之"（《论语·卫灵公》），"如有王者，必世而后仁"（《论语·子路》），所以人要依靠仁德，君子必须一时一刻也不能离开仁德，"君子去仁，恶乎成名？君子无终食之间违仁，造次必于是，颠沛必于是"（《论语·里仁》），即使在仓促匆忙和颠沛流离中也不能抛弃仁德。

→复礼门
孔子教育颜回"一日克己复礼，天下归仁焉"，后人因此分别命名曲阜颜子庙的门为克己门、复礼门、归仁门。

怎样才能做到仁呢？孔子在回答颜渊的请教时说："克己复礼为仁。一日克己复礼，天下归仁焉。为仁由己，而由人乎哉？"颜渊又问仁的行动纲领，孔子说："非礼勿视，非礼勿听，非礼勿言，非礼勿动。"克制自己，使自己的言语行动合乎礼的规定，不合乎礼的不看、不听、不说、不做，就是仁。不合乎礼的不看、不听、不说、不做，似乎人被礼、被仁德紧紧地束缚住了，其实不然，“为仁由己，而由人乎哉”，实践仁德全凭自己，不凭别人，一切都操之在我。在日常生活中要当仁不让，“当仁不让于师”；在危难关头要敢于牺牲自己的生命，杀身以成仁，“志士仁人，无求生以害仁，有杀身以成仁”（《论语·卫灵公》）。

经孔子的提倡，仁成为中华民族的传统美德和评价是非的标准，品质不好就是不仁，品质好就是仁慈、仁义、仁厚、仁孝、仁勇、仁德，品质好的就是仁人、仁政、仁心、仁方、仁里、仁言，等等。

义

义，《说文解字》解释说：“己之威仪也，从我从羊。”它的本义是仪表的仪，后来被借用为合理，而仪表的仪就在左边加了个亻部。其理由，段玉裁《说文解字注》引北宫文子的话说：“有威而可畏谓之威，有仪而可象而谓之义。”并引董子的话说：“仁者，人也；义者，我也。谓仁必及人，义必由中断制也。从羊者，与善美同义。”仁一定涉及他人，而义由自己

←脱骖馆人
孔子曾经住过的馆驿的工作人员死了，孔子就把自己马车上的一匹马送给他家帮助办理丧事。

的内心来判断、决断。

孔子说“义者，宜也”（《礼记·中庸》），伦理学的义就是合理，孔子说“君子之于天下也，无适也，无莫也，义之与比”（《论语·里仁》），这中间的义就是合理，君子对于天下的事情没有规定怎么做，也没有规定不怎么做，怎么合理就怎么做，一切事情以合理为最高原则。

在伦理学中，义表示合理性，合理的事物，合理的行为，合理的状态。义是孔子伦理思想的主要内容之一，在《论语》中共出现24次，涉及孔子的哲学、政治、伦理道德、教育等各个方面，但主要的还是伦理道德。

孔子十分推崇义，“君子喻于义，小人喻于利”（《论语·里仁》），“君子义以为上”（《论语·阳货》），“君子义以为质”（《论语·卫灵公》），作为理想人格的君子应该懂得义，以义为贵，以义为原则，一切行动都要考虑是否合乎义，不能做有害于义的事情。要提高自己的道德水准，增强自己明辨是非的能力，就要以义为中心，使自己的行为以义为转移。子张问崇德辨惑，孔子说“主忠信，徙义，崇德也”（《论语·颜渊》）。孔子自己也将闻义不能徙作为忧虑的内容之一，“德之不修，学之不讲，闻义不能徙，不善不能改，是吾忧也”（《论语·述而》），品德不修养，学问不讲习，听到义不能迁而从之，不对的地方不能改正，是孔子所忧虑的。孔子提倡将义作为评判人们的思想、行为的道德准则。“不义而富且贵，于我如浮云”（《论语·述而》），面对不合乎义的富贵要毫不动心。“行义以达其道”（《论语·季氏》），实行自己的主张要依义而行。要“见利思义”，见义而从，“见义不为，无勇也”，见义不为，就不能算是勇敢。不按义而行，即使是勇敢，也只能给社会带来祸乱，“君子有勇而无义为乱，小人有勇而无义为盗”（《论语·阳货》），义左右着勇的善恶，勇这种品德只有符合“义”的行为准则才是善的，即使是君子，无义而勇，只会添乱，小人无

→孔宅故井
相传孔子当年的吃水井，在曲阜孔庙东路。

←**馈食欣受**
鲁国一个俭朴吝啬的人用陶器将食物送给孔子，孔子仍然很高兴，他不看重器具，看重的是义。

义而勇就更可怕了，就会成为强盗。义作为社会伦理规范也反映在君臣关系之中，“君臣之义，如之何其废之”（《论语·微子》），为国家服务是臣子的义务，这就是君臣大义。

谈到义，不能不谈一谈义和利的关系问题，因为孔子以后，义和利的关系成为后代思想家们关于道德行为和功利关系争辩的一个重要论题。孔子推崇义，提倡义，但并不否认利，一再强调“见利思义”“见得思义”，就是在利益面前首先考虑是否合乎义，当义与利两者冲突时，孔子主张取义舍利，“不义而富且贵，于我如浮云”，当利合乎义时孔子就并不排斥利，“义然后取”，只要合乎义，利是应该要的。总的来看，孔子主张以义来节制求利的欲望。孟子发挥了孔子的思想，“非其义也，非其道也，禄之以天下弗顾也”，但已有忽视利的倾向，“王何必曰利，亦有仁义而已矣”。荀子主张以义胜利，“义胜利者为治世，利胜义者为乱世”，义超过了利就是太平盛世，利超过了义就是乱世。董仲舒主张义不谋利，不要去追求利，“正其谊不谋其利，明其道不计其功”。宋儒邵雍主张尚义贬利，“尚义必让，君子道长；尚利必争，小人道行”，“尚利则乱，尚义则治”。程颢认为人不能无利，无利就不能生存，主张利不妨义，“圣人于利，不能全不较论，但不至妨义耳。乃若惟利是辩，则忘义也，故罕言”，最接近孔子的主张。朱熹不但极力推崇董仲舒的观点，而且以天理、人欲解释义和利，“义者，天理之所宜；利者，人情之所欲”，“仁义根于人心之固有，天理之公也；利心生于物我之相形，人欲之私也”，虽然他主张正其义则利自在，以义制利，但利被确定为人欲之私，在“存天理，灭人欲”的情况下，利还能存在吗？明亡后，许多思想家在探讨明朝灭亡的原因时都将道学家鼓吹的重义忽利当作主要原因之一。

礼

礼最初的意思是敬神，《说文解字》说：“禮，履也，所以事神致福也。从示从豊。”段玉裁解释说：“履，足所依也”，“礼有五经，莫重于祭，故礼字从示。豊者，行礼之器”。人类早期的敬神活动主要是由家族举行的，祭祀时需要长幼排序，这就产生了礼。进入阶级社会以后，统治者强调人与人之间的差别，突出尊卑长幼观念，就制定了礼。实际上，儒家推崇的周公制礼作乐就是对宗法等级制度的补充和完善。祭祀的礼节发展为社会的礼仪制度，社会礼仪制度经过长期的使用逐渐成为人们的行为准则，行为准则又逐渐发展成为人们的道德规范，礼也就成为伦理道德的一个组成部分。

↑堕三都图

孔子发起拆除鲁国三个执政大夫的城邑，其实就是打着礼的旗帜加强鲁公的权利，削弱大夫的势力。

春秋时期，宗法制度受到冲击，呈现了礼崩乐坏的局面。为了重整社会秩序，孔子想用传统的礼来拨乱反正，但他也深知，传统的礼是没有能力来解决目前的混乱局面的，而且传统的礼也不符合孔子的思想，但传统的礼还是有一定号召力的，于是孔子借用传统礼的形式加进自己的思想，将其改造为密切伦理关系、调整社会关系、改善社会关系的工具。

孔子认为礼是变化的，是不断增减的，“殷因于夏礼，所损益，可知也；周因于殷礼，所损益，可知也。其或继周者，虽百世，可知也”（《论语·为政》），而且这种增减有规律可循，是可以预知的。对于礼的变化，孔子是持积极的态度，在分析的基础上进行取舍，“麻冕，礼也；今也纯，俭，吾从众。拜下，礼也；今拜乎上，泰也。虽违众，吾从下”（《论语·子罕》），礼帽按礼的规定应该用麻来做，现在改成了丝，节省了一些，我随同大家的做法。按礼的规定，臣子应在堂下拜见国君，现在改在堂上，这样做显得臣子傲慢，我不随同大家的做法，坚持在堂下行礼。有利民生的变化孔子是支持的，无益于民生却显得臣子傲慢的变化孔子就不会支持。

与传统的礼相比，孔子强调的礼突出了孔子仁的思想。在颜渊问仁时，孔子说："克己复礼为仁。一日克己复礼，天下归仁焉。"克己复礼的目的就是培养自己的仁德，复礼是手段，培养仁德是目的。孔子认为礼不仅仅是祭祀的祭品，"礼云礼云，玉帛云乎哉？"礼啊礼啊，难道只是说祭祀用的玉器和丝帛吗？礼应该是什么，孔子在这里没有说，孔子的另一段话可以给我们以启示，"人而不仁如礼何？"人如果没有仁德，怎么使用礼呢？仁才是礼的根本。对礼的作用，弟子有若说得很清楚："礼之用，和为贵。先王之道，斯为美，小大由之。有所不行，知和而和，不以礼节之，亦不可行也。"（《论语·学而》）礼的使用以和为贵，这是先王之道最好的地方，大事小事都由此而行，当然也有行不通的地方。但是为了和而和，

←为儿戏图
孔子小时候就知道演习礼仪。

不用礼来节制，也是不行的，礼的用途在于和顺人心，增加社会和睦。

孔子非常强调礼的作用。在治国上："道之以政，齐之以刑，民免而无耻；道之以德，齐之以礼，有耻且格。"（《论语·为政》）用政法来治理，用刑法来整顿，人民可以免于犯法但无羞耻之心；用德来治理，用礼来整顿，人民不仅能免于犯法，而且有羞耻之心还能诚心归服。在政治上：国君要依礼使用臣子，"君使臣以礼"；臣子要按照礼节侍奉国君，"事君尽礼"。在修身上："不知礼，无以立也""不学《礼》，无以立"，不读礼书，不知道礼，就无法做人。只有知礼并以礼来约束自己才不会离经叛道，"君子博学于文，约之以礼，亦可以弗畔矣夫"（《论语·雍也》），孔子常以此教育弟子，颜渊就曾喟然感叹地说："夫子循循然善诱人，博我以文，约我以礼，欲罢不能。"（《论语·子罕》）在学习上："兴于诗，立于礼，成于乐。"（《论语·泰伯》）在家庭中：生养死葬和祭祀都要循礼而行，"生，事之以礼；死，葬之以礼，祭之以礼"（《论语·为政》），只有这样，才能称之为孝。君子要依礼做事，"君子义以为质，礼以行之，孙以出之，信以成之"（《论语·卫灵公》），以合宜为原则，按礼去做，用谦逊的言语去说，用诚实的态度去完成。统治者要依礼而行，"上好礼，则民莫敢不敬"（《论语·子路》），"上好礼，则民易使也"（《论语·宪问》）；要以礼让治国，"能以礼让为国乎？何有？不能以礼让为国，如礼何？"（《论语·里仁》），用礼治国要礼让。礼对人非常重要，即使是美德也必须受礼的节制，"恭而无礼则劳，慎而无礼则葸，勇而无礼则乱，直而无礼则绞"（《论语·泰伯》），恭敬而没有礼就会劳累不安，谨慎而没有礼就会畏怯懦弱，勇敢而没有礼就会闯祸添乱，正直而没有礼就会急切伤人。礼如此重要，所以孔子要求"非礼勿视，非礼勿听，非礼勿言，非礼勿动"，不合乎礼的事情不看，不听，不说，不做。

智

智在《论语》中作知，意思是指聪明、明智、智慧、智谋。孔子说："君子道者三，我无能焉：仁者不忧，知者不惑，勇者不惧"（《论语·宪问》），没有做到，那是孔子的谦词，这里孔子明确指出"知者不惑"为君子之道。在《礼记·中庸》中，孔子指出"知、仁、勇三者，天下之达德也"，将"知"

←问礼老聃图
孔子赴周见老子，老子曾告诉孔子怎样明智做人。

（即智）纳入其道德规范体系中，并推其为通行天下的品德。

孔子对智没有作系统的论述，但对孔子所论述的智进行分类的话可以分为智慧和智者两类。

孔子论述的智慧有五个方面。一是实事求是，“知之为知之，不知为不知，是知也”（《论语·为政》），知道的就是知道的，不知道的就是不知道的，不能不懂装懂，这就是聪明智慧的表现。二是提倡通过学习求智，“好学近乎知，力行近乎仁，知耻近乎勇”（《礼记·中庸》），喜欢学习就接近智慧了。“好知不好学，其弊也荡”（《论语·阳货》），喜欢智慧却不喜欢学习就会带来放荡的弊端。学习求智是孔子的一贯主张，他认为“性相近也，习相远也”，后天的习染是可以改变人的品质的，人可以通过后天的学习提高自己，完善自己。孔子自己就是一个努力学习求智的人，他学而不厌，学而不已，发愤忘食，乐以忘忧，不知老之将至，一生都在不断地追求知识，如问礼老子。三是智慧可以从书本中获取，也可以从生活中获得。“多闻，择其善者而从之；多见而识之。知之次也”（《论

语·述而》)，多看多听，择善而从，是次一等的知。四是要通权变。孔子赞扬“宁武子，邦有道则知，邦无道则愚。其知可及也，其愚不可及也”(《论语·公冶长》)，宁武子通权变，国家政治清明时他就聪明，国家政治黑暗时他就显得愚笨，他的聪明别人是能赶得上的，他的愚笨却是别人不可及的，这正如清代郑板桥所说的那样，“聪明难，糊涂难，由聪明转入糊涂更难”，宁武子就是聪明而装糊涂的那种人。孔子赞扬宁武子的权变，就是要人在政治黑暗时保全自己，不与社会同流合污，不助纣为虐，这才是孔子的本意，孔子的明智。五是智慧并不是万能的。孔子说：“知及之，仁不能守之；虽得之，必失之。知及之，仁能守之，不庄以莅之，则民不敬。知及之，仁能守之，庄以莅之，动之不以礼，未善也。”(《论语·卫灵公》)聪明才智得到了，但没有仁德保持就会失掉；聪明才智得到了，仁德能保持，但不能严肃认真地治理，老百姓也不会尊敬；聪明才智得到了，仁德也能保持，也能严肃认真地治理，但不能依礼使用百姓，也不算好的。在这一章中，孔子提出仁是智慧的根本，但仅有仁德还不够，治理政事还必须有严肃认真的态度，还必须依礼使用百姓。依礼使用百姓也反映了孔子的爱人思想。

孔子论述智者是四方面。一是智者利仁。孔子说：“不仁者不可以久处约，不可以长处乐。仁者安仁，知者利仁。”(《论语·里仁》)有仁德

↓在川观水

孔子见水必看，他从水的流淌能联想到德、勇、志向、教化等。

的人志在实践仁德，不论身处困境还是安乐之中都安然处之，聪明的人知道仁德对自己有利便利用仁德。二是智者不惑。有智慧明智的人是不会被迷惑的，反之就不是智者。“里仁为美。择不处仁，焉得知？”居住的地方有仁德之风才好，选择住处，没有仁德的风气，怎么能是聪明的人呢？“昔孟母，择邻处，子不学，断机杼”，孟母就是一个明智的人。鲁国大夫臧文仲被时人称为智者，但他却给大乌龟单独修建房子，并且将房子修建得非常豪华，斗栱上有雕刻，柱子上有彩画，“臧文仲居蔡，山节藻棁，何如其知也”（《论语·公冶长》），孔子就认为他不是智者。三是智者既不失人也不失言。孔子说：“可与言而不与之言，失人；不可与言而与之言，失言。知者不失人，亦不失言。”（《论语·卫灵公》）可以和人交谈而没有交谈就错失人才，不可以和人交谈而交谈了就是言语不当，只有智者既不失人也不失言。要做到既不失人也不失言是不容易的。《中论·贵言篇》说：“君子必贵其言。贵其言则尊其身，尊其身则重其道，重其道所以立其教；言费则身贱，身贱则道轻，道轻则教费。”君子不失言是比较容易的，少说话就行。孔子弟子子张说：“君子一言以为知，一言以为不知，言不可不慎也。”（《论语·子张》）一句话就可以说明是聪明还是不聪明，说话是应该谨慎，但是与应改交谈的人却没有谈，从此人家不再相见，错失了人才是非常可惜的。所以《四书说约》说：“人才难遇，觌面而失，岂是小事？”既不失人又不失言，关键是知人，了解人。四是知者喜欢水，好动，常乐。“知者乐水，仁者乐山。知者动，仁者静。知者乐，仁者寿。”（《论语·雍也》）孔子将智者、仁者的喜好、特点进行对照，智者通达事理，随遇而安，如同流水，所以喜欢水，智者思维活跃，当然好动，智者通达事理，遇事想得开，当然快乐。

怎样做才能是知呢？为政者致力于义，敬鬼神而远之，可以说是知，“务民之义，敬鬼神而远之，可谓知矣”（《论语·雍也》）。推举贤人可以说是知，樊迟问知，孔子告诉他“知人”，樊迟不明白，孔子解释说：“举直错诸枉，能使枉者直”（《论语·颜渊》），选拔正直的人，把他们放在不正直的人之上，能使不正直的人也正直起来。正确把握时机是知，阳货想见孔子，孔子不愿见，阳货就派人给孔子送去一个小猪，孔子不能不去拜谢，他就选择阳货不在家的时候去，不料在路上碰到

→拜胙遇途
智者在政治黑暗时就不能去做官。

了，阳货问孔子："好从事而亟失时，可谓知乎？"喜好做官却一次次失掉机会，可以说是有智慧吗？孔子对此没有回答，但最后赞同了阳货的观点，答应出来做官，"诺，吾将仕矣。"说明孔子是同意把握时机是知的。但家臣执掌国家大权，正直的人是不能出任做官的，所以孔子虽然答应了阳货的要求，最后还是没有去做官。

孔子知的论述中，争议最大的是"惟上知与下愚不移"一语。此话比较难以理解，许多学者将其与上句"性相近也，习相远也"联系起来进行解释，人的天性是相近的，后天的习染不同就产生了差别，这句话问题不大，但是只有上知和下愚是不会改变的，这句话就有问题了，它不符合事物不断变化的观点。更主要的是，有的学者认为上知、下愚就是孔子所说的"生而知之者上也；学而知之者次也；困而学之，又其次也；困而不学，民斯为下矣"，老百姓就是那种遇到困难也不学习的人，如此理解，问题就更大了，孔子是看不起老百姓，而且还承认有生而知之的人，这是不符合认识论观点的。宋儒程子解释说："所谓下愚有二焉，自暴自弃也。人苟以善自治，则无不可移，虽昏愚之至，皆可渐磨而进也。惟自暴者拒之以不信，自弃者绝之以不为，虽圣人与居，不能化而入也。"将下愚解释为自暴自弃者，这种人无心向善当然不可能向好的方向转变，但不一定不向坏的方向转变，向坏的方向转化也是移，程子的这种解释是不科学的。《反身录》解释说："迟钝人能存好心，行好事，虽迟钝亦是上知，明敏人若心术不正，行事不端，不肯做好人，即明敏亦是下愚。"

以能否存好心、行好事与否作为区分上知与下愚的标准，其实这个解释也不准确，上知、下愚都是变化的结果，是移的结果。我倒觉得以困而不学解释下愚是对的，当然，困而不学的并不是只有老百姓，社会各阶层的人都有，而且非常多，如果困而不学，恐怕是很难改变的。

信

信即诚实无欺，许慎《说文解字》说："诚也。从人从言，会意。"段玉裁说"人言则无不信者"，古文信字左侧为心，段玉裁说"言必由衷之意"。信就是说人要言行如一，诚实无欺，守信用，这是信的伦理意义。

在伦理道德中，孔子非常看重信，把信当成进行道德修养以完善人格的主要内容之一，"子张问仁于孔子。孔子曰：'能行五者于天下为仁矣。''请问之。'曰：'恭、宽、信、敏、惠。'"（《论语·阳货》）诚实守信被当作仁人必须具有的五种品德之一，其理由就是"信则人任焉"，诚实守信就能得到别人的信任。孔子把信看作礼的根本之一，"先王之立礼也，有本有文。忠信，礼之本也；义理，礼之文也。无本不立，无文不行"（《礼记·礼器》），忠和信是礼的根本。孔子认为信是做人的根本，立身处世的原则，"人而无信，不知其可也。大车无輗，小车无軏，其何以行之哉？"（《论语·为政》）一个人不诚实守信，就像驾牲口的车上横木没有两头的活销一样，无法行事做人。诚实守信就能走遍天下，"子张问行。

←**忠信济水**
心怀忠信就可以战胜艰难险阻。

子曰：‘言忠信，行笃敬，虽蛮貊之邦，行矣。言不忠信，行不笃敬，虽州里，行乎哉？立则见其参于前也，在舆则见其倚于衡也，夫然后行。’”（《论语·卫灵公》）言语忠诚老实，行为忠厚严肃，就是到了落后地区仍能行得通，否则在本乡本土也行不通。要把忠信笃敬四个字时时放在心上，站着时四个字就像在面前，坐在车里时这四个字就像刻在车前的横木上。所以孔子一再以信教育弟子，“子以四教：文、行、忠、信。”（《论语·述而》）诚实守信是教育弟子的主要内容之一；教育弟子要“主忠信”，“弟子，入则孝，出则悌，谨而信，泛爱众，而亲仁。行有余力，则以学文。”（《论语·学而》）做人要秉持忠信，谨慎而诚实守信；教育弟子要“敬事而信”，严肃认真地对待自己的工作，诚实守信。在孔子的教育下，弟子们也非常看重信用，曾子将守信作为每日多次反省的三项内容之一，“曾子曰：‘吾日三省吾身：为人谋而不忠乎？与朋友交而不信乎？传不习乎？’”（《论语·学而》）子夏也将“与朋友交言而有信”作为学习的表现之一。自己诚实守信才能得到别人的相信，所以弟子问志向时，孔子将朋友的信任作为自己的志向之一，“老者安之，朋友信之，少者怀之”（《论语·公冶长》）。

信不仅是社会伦理、人际关系的准则，还是政治伦理、为政治国的准则。“自古皆有死，民无信不立”（《论语·颜渊》），为政治国，守信比足食、足兵还重要。

治理国家要严守信用，“道千乘之国，敬事而信，节用而爱人，使民以时”（《论语·学而》）。统治者如果讲信用，就很容易治理好国家，“上

→五乘从游
被他人胁迫订立的协定不必去遵守。

好信，则民莫敢不用情”（《论语·子路》），统治者讲信用，老百姓就不会不尽自己的本分。

孔子提倡守信用，但并不是一味死守信用，“言必信，行必果，硁硁然小人哉”，对信要作具体分析，只有符合义的诺言才能去兑现，不分事非黑白地去兑现诺言是不可取的，“信近于义，言可复也”，弟子有若的这句话，正是对孔子上句话的补充。

现在提倡诚信，其实，孔子讲的信就是诚信。因为在孔子时“诚”只作真正、真实讲，并没有现在的伦理学上的诚实之意。《论语》中“诚”字仅两见，一为《诗经》引文，“诚不以富，亦只以异”，确实对自己没好处，只是使人奇怪，一为孔子的话“诚哉是言也”，这话真对呀，都没有伦理学的意义。

恕

恕在《论语》中虽然只出现两次，但它却是孔子思想的重要组成部分，伦理思想的重要内容。

恕字出现很晚，《尚书》《诗经》等孔子以前的文献中均未出现，《左传》中仅6见，《礼记》中仅3见。其意义，《说文解字》解释说：“恕，仁也。从心，如声。”解释并不具体准确，恕应该是个会意字，恕就是随从自己的心，像自己的心，因为如字本意作随从讲，像是它的引伸义。《说文解字》说“如，从随也”，从随就是随从。随从自己的心，就是在对外交往中以自己的心去随从他人的心，像自己的心就是对待他人就像要求别人对待自己一样，以己之心度人之心。写完这段文字后，恰好翻到朱熹的解释，“中心为忠，如心为恕，与义亦通”，没想到竟然与朱熹相同。

孔子自述“吾道一以贯之”，但并没有解释具体的内容，曾子解释说“夫子之道，忠恕而已矣”（《论语·里仁》），将忠与恕看作是贯穿孔子思想的基本观念。对忠恕，朱熹解释说“尽己之谓忠，推己之谓恕”，恕就是推己及人。恕在《论语》中第二次出现于孔子之口，当弟子子贡问“有一言可以终身行之者乎”时，有一个字可以终身奉行吗？孔子回答说“其恕乎！”大概是恕吧，并进而解释说“己所不欲，勿施于人”（《论语·卫

灵公》)，自己不想做的事情不要强加于他人。同样内容的话也见于《礼记·中庸》，也出自孔子之口："忠恕，违道不远，施诸己而不愿，亦勿施于人。"不愿别人加在自己身上的行为也不要加在别人身上，能够对人竭尽心力，做到推己及人，离儒家所追求的最高境界"道"已经不远了。对此，孔子还以自己为例作了详细的解释，"君子之道四，丘未能一焉：所求乎子以事父，未能也；所求乎臣以事君，未能也；所求乎弟以事兄，未能也；所求乎朋友先施之，未能也。"《礼记·中庸》君子的行为准则有四条：用要求人子应有的行为去侍奉父亲，用要求臣子应有的行为去侍奉君主，用要求弟弟应有的行为去侍奉兄长，用要求朋友应该做到的行为自己首先去做到。《大学》也说："所恶于上，毋以使下；所恶于下，毋以事上。所恶于前，毋以先后；所恶于后，毋以从前。所恶于右，毋以交于左；所恶于左，毋以交于右。"你厌恶上面人的行为，就不要用同样的行为使用下面的人；你厌恶下面人的行为，就不要用同样的行为去奉事上面的人；你厌恶前面人的行为，就不要用同样的行为去对待后面的人，你厌恶后面人的行为，就不要用同样的行为去对待前面的人；你厌恶右边人的行为,就不要用同样的行为去对待左边的人;你厌恶左边人的行为，就不要用同样的行为去对待右边的人。由此可见，孔子讲的恕是人己统

↓忠恕堂内景
堂在孔府内，为纪念"夫子之道忠恕而已矣"建。

一的情操，体现了人与人关系的平等，表现了孔子对他人人格的尊重，孔子的思想确实是具有进步意义的。

《左传·襄公二十三年》记录了孔子关于恕的一段话："有臧武仲之知而不容于鲁国，抑有由也，作不顺而施不恕也。《夏书》曰：'念兹在兹'，顺事恕施也。"臧武仲以幼代长成为臧氏宗子，且又帮助季武子废长立幼，所以孔子批评他不顺于事理不合于恕道，自己做事已经违背了事理怎么

←子羔仁恕 心怀恻隐之心，即使按法处罚了他人，也能得到他人的感谢。

能再帮他人去做违背事理的事情呢？《礼记·孔子闲居》中也有孔子讲恕的记载："无服之丧，内恕孔悲。"君子对于五服亲人之外的丧事也很悲伤，因为别人的丧事如同自己的丧事一样，也体现了孔子恕的思想。

在回答子贡的另一次提问时，孔子说："夫仁者，己欲立而立人，己欲达而达人。能近取譬，可谓仁之方也已。"（《论语·雍也》）自己想立身，也帮助别人立身，自己想事事通达也帮助别人事事通达，能就近作比，可以说是仁的方向了（钱穆解释）。对此，汉代孔安国解释说："但能近取譬于己，皆恕己所欲而施之与人。"认为己欲立而立人、己欲达而达人是恕，是恕己所欲而施之与人。朱熹赞同孔安国的意见，他说："近取诸身，以己所欲譬之他人，知其所欲亦犹是也，然后推其所欲以及乎人，则恕之事而仁之术也。"（《四书集注》）认为近取于己，以自己的欲望比于他人，他人的欲望与自己相同，然后将自己的欲望放在他人身上，就是恕的内容和实行仁德的办法。后代学者认为，"己所不欲，勿施于人"是恕的低

等境界，“己欲立而立人，己欲达而达人”是恕的更高境界。

恕可以通过以己度人，推己及人，达到人际关系的和谐和感情的沟通。应该说，它反映了古代思想家追求人与人之间平等、对人宽容、体谅的美好愿望，是一种与人为善、成人之美的优秀品格。

让

让，《说文解字》解释说：“讓，相责让，从言，襄声。”是个形声字，但我认为它的本意恐怕不是相责让。《尚书》中让字共11见，无一作责让讲，《诗经》中1见，“受爵不让”也不作责让讲，《论语》中凡7见，均不作责让讲。作责让讲的让字最早出现在《左传》传文中，桓公八年(前704年)“使薳章让黄”，派薳章去责备黄国，僖公五年（前655年），晋献公派士蔿为二公子修筑城邑，墙里放进了木柴，“公使让之”，晋献公派人去责备士蔿。

让在《尚书》《诗经》《论语》中作谦让、辞让、推让讲，这是让的伦理意义。

让是儒家伦理思想的重要范畴之一。让并不是一味地相让，什么都相让，而是在功、名、权、利上先人后己，而在职责、义务上先己后人。孔子曾这样教育弟子：“孟之反不伐，奔而殿，将入门，策其马，曰：‘非敢后也，马不进也。’”（《论语·雍也》）孟之反不夸耀自己，败退时，他在后面掩护全军，到邻近城门的时候却用鞭打马急行，并说自己不敢落

→题季札墓

季札是吴国公子，谦让不任国君，决定兄弟轮流担任，三个哥哥都当了国君，他最后还是不当。孔子很佩服他，为他题写墓碑。

在后面，是自己的马不肯快跑，孔子以此教育弟子在荣誉面前要推让。孔子强调说："善则称人，过则称己，则民不争；善则称人，过则称己，则怨益亡"；"善则称人，过则称己，则民让善"；"善则称君，过则称己，则民作忠"；"善则称亲，过则称己，则民作孝"（《礼记·坊记》）。好事归功于他人，过错归于自己，那么人民就不会相争，怨恨就会消失，人民都会把好事归功于他人；好事归功于国君，责任归于自己，就会兴起忠诚的风气；好事归功于父母，责任归于自己，就会兴起孝敬的风气。功劳归于他人，责任留给自己，就会改善社会风气，创造良好的社会环境。

←**四子侍坐**
孔子让四个弟子谈志向，批评子路不谦让。

孔子主张礼让贤能，盛赞"泰伯，其可谓至德也已矣。三以天下让，民无得而称焉"（《论语·泰伯》），泰伯为了实现父亲的意愿，与二弟仲雍南走，让国于幼弟季历，被孔子推许为有最高的品德，人们都找不出合适的语言赞颂他。孔子主张礼让治国："能以礼让为国乎？何有？不能以礼让为国，如礼何？"（《论语·里仁》）如果用礼让治理国家，那还有什么困难呢？不能以礼让治理国家，那怎么对待礼仪呢？礼让治国是礼仪的本质，不能以礼义治理国家，那礼仪还有什么用处呢？孔子非常喜欢谦让，他派弟子漆雕开去做官，漆雕开回答说"吾斯之未能信"，对自己的能力还没有信心，孔子听了很高兴，认为漆雕开在世人所追崇的权职上能够做到谦让（《论语·公冶长》）。相反，弟子子路抢先回答且大言不惭就受到孔子的讥笑。孔子要弟子们谈论各自的志向，子路抢先回答说："千乘

之国，摄乎大国之间，加之以师旅，因之以饥馑。由也为之，比及三年，可使有勇，且知方也。”一个有千辆兵车的大国，处于几个大国之间，外有敌军入侵，内有饥荒，让我治理，只要三年，可以使人人有勇气，而且懂得大道理。孔子对他报以面带讥笑的微微一笑，其后他对曾皙解释说“为国以礼，其言不让，是故哂之”（《论语·先进》），应该以礼让治国，子路却抢先发言，一点都不谦让，如何礼让贤能，解决他所说的那种内忧外患的国政问题呢？国家要兴起礼让之风，就需要统治者以身作则，“君子贵人而贱己，先人而后己，则民作让”（《礼记 · 坊记》），统治者贵人贱己，先人后己，民间就能礼让成风。

孔子推崇谦让，反对有悖于谦让的行为。弟子原宪问他：“克、伐、怨、欲不行焉，可以为仁矣？”孔子回答说：“可以为难矣，仁则吾不知也。”（《论语 · 宪问》）如果能做到没有好胜（克）、自夸（伐）、怨恨、贪心这四种毛病是很难的，但不好胜、不自夸并不是谦虚礼让，所以还不能算是仁德。

让还有谦逊的意思，这是孔子每到一个地方了解本地政事的一个手段。子禽曾问子贡：“夫子至于是邦也，必闻其政。求之与？抑与之与？”子贡回答说：“夫子温、良、恭、俭、让以得之。”（《论语 · 学而》）孔子到了一个新的国家，必然了解到那个国家的政事，孔子是通过谦逊等办法来取得的，他获取的办法和别人是不同的。

↓孔子塑像
很好地表现了孔子“温而厉，威而不猛，恭而安”的神态。

孔子提倡让，并不是使人一味谦让，“当仁，不让于师”（《论语 · 卫灵公》），在仁德面前就是自己的老师也不能谦让。

恭

恭，《说文解字》解释说：“恭，肃也，从心，共声。”对肃解释说：“肃，持事振敬也，……，战战兢兢也。”管理事务恭恭敬敬，小心谨慎，如同在深渊的边上。两者结合起来看，恭的意思是敬肃、恭敬和顺，它包括两方面的内容，一是自己容貌举止的端庄严肃，一是对他人的谦虚和顺。

恭是传统的伦理道德之一，《尚书》中已频繁使用，《诗经》中也出现6次，除个别作奉行讲外，大多为伦理意义的恭。奇怪的是，《左传》中只出现1次，但《论语》中出现13次，8次出自孔子之口，2次是对孔子的评价，由此可见孔子是很重视恭这种伦理道德的。

孔子非常注意容貌举止，他说：“君子有九思：视思明，听思聪，色思温，貌思恭，言思忠，事思敬，疑思问，忿思难，见得思义。”（《论语·季氏》）“貌思恭”，容貌举止考虑庄严和顺，是君子必须考虑的九项内容之一。孔子是这样说的，也是这样做的，《论语》中说他“温而厉，威而不猛，恭而安”（《述而》），温和而严厉，威严而不凶猛，庄严而安详。子贡说他通过“温、良、恭、俭、让”的态度很快就了解了一个新到国家的政事。子禽问子贡，孔子到了一个国家，很快就了解了这个国家的政事，是孔子打听来的呢，还是别人主动告诉他的呢？子贡说孔子是靠温和、善良、恭敬、

↓舞雩从游
樊迟是向孔子请教较多的弟子。

节制、谦逊等态度获得的。

恭不仅是个人的举止问题，而且是道德问题。“樊迟问仁。子曰：‘居处恭，执事敬，与人忠。虽之夷狄，不可弃也。’”（《论语·子路》）平日容貌端庄、对工作严肃认真、对别人忠心耿耿被孔子当作最高的道德规范——仁德的内容。恭还是衡量仁人的标准之一，弟子子张问仁，孔子告诉他“能行五者于天下为仁矣”，并解释这五者分别是“恭、宽、信、敏、惠。恭则不侮，宽则得众，信则人任焉，敏则有功，惠则足以使人”（《论语·阳货》），恭敬就不会遭受侮辱，宽厚就能得到人心，诚实就会得到信任，勤敏就会有功劳，慈惠就能使用他人，能够将恭、宽、信、敏、惠推行于天下者就是仁人。一个好的政治家要容颜态度庄严恭敬，孔子赞扬子产“有君子之道四焉：其行己也恭，其事上也敬，其养民也惠，其使民也义”（《论语·公冶长》），个人容颜庄严恭敬是君子之道之一。孔子赞扬舜无为而治，“恭己正南面而已矣”，当然，要从容安静地使天下太平，仅靠端庄严肃地坐在朝堂上是不行的，还必须选拔重用贤人才可以。

恭不能虚伪，“巧言、令色、足恭，左丘明耻之，丘亦耻之”（《论语·公冶长》），花言巧语，伪善的容貌，十足的恭顺，孔子认为是最可耻的。

任何一个人都应该对人恭敬，但不是越恭敬越好，而是应该合乎礼。孔子说“恭而无礼则劳”（《论语·泰伯》），容貌端庄，词色恭谨，不合礼节，劳而无功，只能徒增劳倦。弟子子夏说“君子敬而无失，与人恭而有礼。四海之内，皆兄弟也。君子何患乎无兄弟也”（《论语·颜渊》），工作严肃认真而不出差错，对人恭谨有礼，即使走遍天下，到处都有好兄弟。另一个弟子有若说“恭近于礼，远耻辱也”（《论语·学而》），容貌举止恭顺得合乎礼仪才能免遭耻辱。恭必须合乎礼。

敬

敬也是传统儒家伦理道德之一，在《尚书》《诗经》《左传》中均大量使用。对敬的解释，《说文解字》与恭一样，“敬，肃也”，现在人们也恭敬连用。其实，恭与敬还是有很大差别的。在《论语》中，敬字共出现 21 次，其中 16 次出自孔子之口。敬的内容除了与恭相同的端庄恭谨外，还有尊敬、尊重和慎重、严肃认真等含义。所以敬包括三方面的内容，

↑**敬入宫门**
对国君心存尊敬

一是对工作、对事业的慎重、严肃认真，二是对他人的尊敬，三是居家行事的端庄恭谨。

“事思敬”“执事敬”，属于职业道德伦理，工作前就要考虑严肃认真地对待工作，工作中要采取严肃认真的工作态度。孔子是这样说的，也是这样做的。齐鲁两国国君夹谷相会，鲁弱齐强，弱国无外交，本来就处于劣势的鲁国很容易在这种外交活动中吃亏，但孔子有严肃认真的工作态度，未雨绸

↑**齐鲁会夹谷图**　孔子具有严肃认真的工作态度，预作安排，挫败了齐国的一个个阴谋诡计。

→受鱼致祭
别人把怕天热腐烂的鱼送给孔子，孔子也照样举行祭祀，这是对人的尊敬。

缪，“文事而有武备”，事先设置了两个司马，在会盟地点附近布置了军队，盟会时据理力争，挫败了齐国的一个又一个阴谋，最后不但使鲁国在外交上获得了胜利，而且取得了军事上没有取得的胜利，收回了被齐国用武力夺取的土地。

对他人的尊敬，包括对父母、对国君、对朋友的尊敬。对父母要敬，“今之孝者，是谓能养。至于犬马，皆能有养。不敬，何以别乎？”（《论语·为政》），对父母尊敬，是人与动物的根本区别。对国君要敬，孔子赞扬子产“事上也敬”，对国君的尊敬要落实在工作中，“事君，敬其事而后其食”，先做好自己的工作然后再考虑自己的报酬，这还是一个职业道德问题。对朋友要敬，楚人怕鱼腐烂赶快送给孔子，孔子接受后仍然举行祭祀，朋友送给用陶器煮熟、盛放的食物，孔子也很高兴地接受，这是对朋友的尊敬。

孔子对居家行事的端庄恭谨论述的也比较多，要“行笃敬”，做事忠厚严肃；行礼要敬，“居上不宽，行礼不敬，临丧不哀，吾何以观之哉？”（《论语·八佾》）行礼不严肃认真，真么能看得下去呢？侍奉父母要心存恭敬，对父母不对的地方要轻微婉转地劝谏，自己的意见没有被接受，也要“又敬不违”。

每一个统治者都希望他治下的人民能认真对待自己的工作，但要人民都有严肃认真的工作态度，统治者首先要提高自己的修养，“修己以敬”，修养自己来严肃认真地对待工作。其次要用严肃认真的态度来治理，“临之以庄，则敬”《论语·为政》，“不庄以莅之，则民不敬”（《论语·卫灵公》），治民要“居敬而行简”“敬事而信”，态度严肃认真，处理事情要简易，不烦民，不扰民。统治者要得到人民的尊敬就要讲究礼节，“上好礼，则民莫敢不敬”（《论语·子路》），以礼对待人民才能使人民尊敬。

教育思想

孔子是中国历史上也是世界历史上第一个伟大的教育家，他首先创办私学，将教育从官府推向民间；他提倡有教无类，广收门徒，弟子三千，贤人七十，培养了一大批德才兼备的政治人才；他一生从事教育，诲人不倦，在长期的教学实践中积累了丰富的教育经验，创造了科学的教育方法和教育方式，创立了完整的教育理论体系，为继承、发展和传播古代文化做出了重大贡献。孔子的教育主张、教育目的、教育方法，直到今天仍然闪耀着智者的光辉。

←杏坛设教图
[明] 吴彬 作

教育主张

孔子说“性相近也，习相远也”(《论语·阳货》)，人的本性是相近的，因为后天的习染不同才使人产生了差别。孔子的观点是正确的，存在决定意识，成长过程中的家庭和社会环境决定了人的思想意识的形成。马克思说：“搬运夫和哲学家之间的原始差别是比家犬和猎犬之间的差别小得多，他们之间的鸿沟是分工掘成的。”人思想意识上的差别是社会环境的不同造成的。人的思想意识是后天形成的，是可以通过教育培养的。人通过教育可以培养良好的道德，掌握丰富的知识，人人都可以而且应该接受教育。

孔子主张“有教无类”(《论语·卫灵公》)，不论富贵贫贱，人人都应该接受教育，人人也都有受教育的权力。有教无类在当时是一个革命的口号，它打破了贵族阶级对教育的垄断，对文化知识的垄断。在孔子以前的社会中，“古之教者，家有塾，党有庠，术有序，国有学”(《礼记·学记》)，教育主要是官办，只有贵族子弟才有接受教育的资格和权力，平民子弟接受教育的可能性很小。孔子将“有教无类”的主张付诸实施，他首创私学，将教育扩大到民间，将受教育的对象扩大到平民和奴隶子弟。孔子的三千弟子中，虽有拥有权力和财富的贵族子弟如南宫敬叔、司马牛，富商巨贾如子贡，但更多的是出身低微的贱民野人，如一箪食、一瓢饮、

↓退修琴书图
孔子从中年开始从事教育事业，收徒设教。

↑**大夫师事** 孔子弟子中既有贵族，也有平民、奴隶。

家住陋巷的颜回，“冠雄鸡，佩猳豚”（戴着雄鸡式的帽子，佩着公猪皮装饰的宝剑），“衣敝缊袍”（穿着破烂丝棉袍子）的子路，“终身空室蓬户，褐衣疏食”（穿粗麻织成的衣服，吃粗食）的原宪。所以有人说“夫子之门何其杂也”，子贡对此解释说：“君子正身以俟，欲来者不距，欲去者不止。且夫良医之门多病人，檃栝之侧多枉木，是以杂也。”（《荀子·法行》）这也正说明孔子确实是实践了自己有教无类的主张。

“有教无类”充分表现了孔子思想的人民性和民主性，是孔子“泛爱众，而亲仁”仁爱思想的具体实践。有教无类主张是中国教育史上的划时代的革命性创举，为中国开创了文化下移和教育普及的道路，为传统文化的广泛传播，为中国的进步和发展作出了重大贡献。

教育目的

孔子对兴办教育的目的没有明言，倒是弟子子夏“学而优则仕”这句话道出了孔子兴办教育的真实目的。学习优秀者就要做官，学习是通向做官的途径，而孔子创办学校的目的就是培养能推行自己政治主张的官员。

↑**陋巷故址与陋巷井** 颜回当年居住的地方。

为了改造社会，实现自己的政治理想，孔子后半生栖栖惶惶周游列国，奔走于各国诸侯之间，寻求推行自己政治主张的机会，但他“削迹于卫，伐树于宋，穷于商周，围于陈蔡”，吃尽闭门羹，奔波十四年也没有找到施展自己政治抱负的舞台。一生不得志，孔子就把实现自己政治理想的希望寄托在弟子身上。他首创私学，目的就是培养推行仁政德治的政治

↓**过蒲赞政** 子路为蒲宰，恭敬忠信，治理得很好，显示了从政才干。

人才，通过培养上事君以忠、下使民以惠的贤臣去实现小康社会，创造天下为公的大同世界。

孔子确实是提倡“学而优则仕”的，他说：“先进于礼乐，野人也；后进于礼乐，君子也。如用之，则吾从先进。”《论语·先进》先学习礼乐而后做官的是平民，先有了官位而后学习礼乐的是贵族子弟。如果要选用人才，孔子主张选用先学习礼乐的人，实际上就是主张学而优则仕，将学习与做官联系起来。孔子鼓励学生们努力学习，“不患无位，患所以立”，不必担心没有官做，只去考虑学好做官所需要的知识本领就行了，

↓子西沮封（明·圣迹图）楚国令尹（宰相）认为孔子的弟子具有不同的才干。

学好本领自然就有官做。孔子是支持弟子们出仕做官的，子张问当官求得俸禄的方法，孔子告诉他多听别人说话，保留疑惑的部分，谨慎地说出其余的部分就会少犯错误，多看别人行事，保留危险的部分，谨慎地实行其余的地方就能减少后悔，说话少犯错误，行动减少后悔，官位俸禄就都有了。鼓励弟子要尽早出仕做官，“三年学，不至于谷，不易得也”，学习了三年，还不考虑出仕做官，是很少的。弟子们对此大都心照不宣，只有心直口快的子路说“不仕无义”，学习以后，不做官是没有道理的。孔子培养的一批弟子，大多或早或迟地参加政治活动，孔子在世时，就有冉求、子路、子游、子贡、宓子贱等人已经走上政治舞台，孔子去世后，弟子们“散游诸侯，大者为师傅卿相，小者友教士大夫”，在学术上，儒

分为八，不论在政治上还是在学术上都形成了强大的儒家集团。

“学而优则仕”这一教育目的，在中国教育史上具有重要的意义，把学习与出仕做官联系起来，有利于推行贤人政治，改良社会政治，它与孔子的举贤才思想是一致的，反映了封建制兴起时的社会需要，打破不学而仕的世袭制，为平民从政开辟了道路，也为中国历史上千余年的文官主政开辟了道路。

教学方法

在长期的教学实践中，孔子采用灵活多样的教学方式，因材施教，教学相长，循序渐进，循循善诱，举一反三，不悱不启，创造了一系列科学的教育方法，为后人留下一份宝贵的遗产。

因材施教　教学活动不同于一般的生产活动，它的教育对象是各个不同的有着独立意识的个人，而孔子有教无类，广收弟子，弟子的智力、性格、志趣各有差别，这就决定了在教学活动中不能采用同一种方式、方法同时教育好所有的受教育者。孔子很早就注意到这一点，创造性地发明了因材施教的教学方法。

孔子说：“中人以上，可以语上也；中人以下，不可以语上也。”（《论

↓舞雩台
孔子师徒经常活动的地方，在鲁国都城南。

语·雍也》）孔子并非是要把弟子分成三六九等，而是根据学生资质上的差异进行不同的教育。孔子说:“柴也愚，参也鲁，师也辟，由也喭。”（《论语·先进》）高柴愚笨，曾参迟钝，颛孙师偏激，子路鲁莽，孔子是很了解弟子的，当然要根据弟子的智力、性格进行有针对性地教育。《论语》中记载了这样一个故事，子路问孔子“闻斯行诸”，听到后就去做吗？孔子说：“有父兄在，如之何闻斯行诸？”有父亲、兄长在，怎么能听到后就去做呢？冉求又问同样的问题，孔子告诉他“闻斯行之”，听到后就去做。这使在一旁的公西华大为不解，子路、冉求问的是同样的问题，老师你怎么给的答案不一样呢？孔子告诉他，冉求做事退缩，胆子小，我就教他凡事要果断，听到了就应马上去做，子路胆子大，我怕他冒失惹祸，就

↓**农山言志**
孔子师徒游农山，孔子让子路、颜回、子贡谈志向。

教他遇事要同父兄商量，这是孔子因材施教的一个非常好的例子。为了更好地因材施教，孔子经常了解弟子的志趣，《论语》“先进”篇中记载孔子要子路、冉求、公西华、曾点谈志向，“公冶长”篇中记载孔子要颜渊、子路谈志向，《孔子家语》记载孔子要子路、子贡、颜渊谈志向。师徒谈论志向使孔子了解了弟子，也进行了有针对性地因材施教教育。

启发式教学　孔子是最早采用启发式教学方法的教育家。孔子教育

学生不是采取简单地灌输的方式，而是采用启发式教学，“不愤不启，不悱不发，举一隅不以三隅反，则不复也”，不到学生思考后仍不得要领时不去开导他，不到学生想表达而苦于说不出来的时候不去启发他，如果学生不能举一反三就不再勉强教下去。孔子教育弟子要独立思考，要触类旁通，闻一知二，闻一知十，“告诸往而知来者”。

循循善诱　孔子积极引导弟子潜心向学，“知之者不如好之者，好之者不如乐之者”，懂得的人不如喜欢的人，喜欢的人不如以此为乐的人；以颜回为例教育弟子安贫乐道，“贤哉，回也！一箪食，一瓢饮，在陋巷，

↑观器论道
孔子参观鲁桓公庙，借欹器“中则正，满则覆”教育弟子谦逊守成。

人不堪其忧，回也不改其乐。贤哉，回也”；教育弟子不要贪图安逸，“士而怀居，不足以为士矣”，贪图安逸就不能算是士了；激励弟子积极向上，“君子上达，小人下达”；鼓励弟子仁不是很难追求的，我想学就能学得到，“仁远乎哉？我欲仁，斯仁至矣”。难怪弟子颜回说“夫子循循然善诱人，博我以文，约我以礼，欲罢不能”，引导得弟子想停都停不下来。

教学相长　教学中，孔子提倡相互切磋，共同讨论。子贡问：“贫而无谄、富而无骄，何如？”贫穷却不巴结，富有却不骄傲怎么样？孔子说可以，“未若贫而乐，富而好礼者也”，子贡说《诗经》“如切如磋，如琢如磨”

↑**四子侍坐塑像**（钱绍武 作） 孔子要弟子子路、冉求、公西华、曾点谈谈各自的志向。

就是这个意思吧，孔子高兴地说可以和你讨论《诗经》了，你能举一反三了。在学习中，孔子鼓励弟子们勇于发问，“不曰‘如之何’‘如之何’者，吾末如之何也已矣。”（《论语·卫灵公》）不说怎么办怎么办的人，我也不知道怎么办了。颜回虽然是孔子最喜欢的弟子，但不好提问，孔子就批评他：“回也，非助我者也，于吾言无所不说。”子夏提问后，孔子就表扬他“起予者商也”，说子夏对自己大有启发。

针对性教育 孔子施行教育非常具有针对性，弟子问仁、问孝、问政、问君子，孔子几乎没有一个相同的答案。对仁，孔子给颜渊的答案是“克己复礼”，给樊迟的一次是“居处恭，执事敬，与人忠”，一次是“爱人”，对子贡是“工欲善其事，必先利其器。居是邦也，事其大夫之贤者，友其士之仁者”，对子张是能将恭、宽、信、敏、惠推行天下，对司马牛是“其言也讱”（言语迟钝），对仲弓是“出门如见大宾，使民如承大祭。己所不欲，勿施于人。在邦无怨，在家无怨”，都是很有针对性的。季康子问政，孔子说：“政者，正也。子帅以正，孰敢不正？”针对性是很强的。季康子以大夫而执鲁国国政，鲁公被当作傀儡，当然就名不正言不顺，自己不正难正人，你自己带头行正道，谁还敢不正呢？

学习方法

孔子非常重视学习，他认为人只有通过学习才能获得知识、提高能力、修养品德，即使你有追求良好品德和才能的愿望，如果不努力学习，不仅不会达到目的，反而会带来毛病。孔子曾指出不好学习的六种毛病：喜好仁爱而不好学习的毛病是愚蠢，喜好聪明而不好学习的毛病是放荡，喜好诚实而不好学习的毛病是容易被人伤害，喜好直爽而不好学习的毛病是急躁，喜好勇敢而不好学习的毛病是闯祸，喜好刚强而不好学习的毛病是狂妄（《论语 · 阳货》）。孔子主张学习的内容不在多而在

→问礼堂旧址
遗址在曲阜周公庙内。

于应用，他说："诵《诗》三百，授之以政，不达；使于四方，不能专对。虽多，亦奚以为？"（《论语 · 子路》），熟读《诗经》三百篇，担任官吏不能处理政事，出使他国不能独自应答，学的再多有什么用？

孔子自述"吾十有五而志于学"，"学而不已，阖棺乃止"，一生都在如饥似渴地追求知识。他学无常师，敏而好学，不耻下问，在一生的学习经历中总结出了学思结合、温故知新、每事问、举一反三等学习方法。

学思结合　孔子主张学习与思考相结合，他说"学而不思则罔，思而不学则殆"（《论语 · 为政》），只读书而不思考就会迷惘不解；只思考而不读书就会困乏无益。他还以自己为例说，"吾尝终日不食，终夜不寝，以思，无益，不如学也"（《论语 · 卫灵公》），整天不吃饭，整夜不睡觉，

端坐思考，但没有一点益处，不如去学习。孔子十分精辟地论述了学习与思考的辨证关系，学习必须多读书，在读书的基础上认真分析思考，“学”是“思”的基础，“思”是“学”的灵魂，读书的目的是掌握知识，只有通过思考，书本上知识才能被掌握，才能成为自己的知识。

温故知新　孔子主张“学而时习之”，“温故而知新”，对学习过的内容要经常进行温习，通过温习学习过的内容而有新的发现，新的收获。

←学琴师襄图
孔子学无常师，曾向师襄学习弹琴。

孔子的观点是符合认识的客观规律的，学习是把外在知识转化为内在能力的过程，他人的知识不可能通过一次学习就能够全部理解，就会成为自己的知识，转化为自身的能力，只有对已经学过的知识不断地进行复习才能真正掌握。当然，复习不能简单地重温学过的内容，而是对学过的内容加深理解，从不同的角度、不同的方面去理解，每次复习才会有不同的感觉和体会，才会有不同的发现和收获。弟子子夏深得孔子温故知新的真谛，他说“日知其所亡，月无忘其所能，可谓好学也已矣”，每天都有新的收获，每月都不忘记学过的旧知识，就可以说是好学了。

每事问　孔子对学习采取每事问的态度，他进入鲁国的太庙，每事都要问，以致于别人认为他不懂得礼仪，孔子听到后说：“这就是礼。”孔子对待学习的态度是“知之为知之，不知为不知”，知道的就是知道，不知道的就是不知道，不能不懂装懂，自己不懂的就要向他人请教。向他人请教时要“不耻下问”，不计较他人的地位、身份、年龄。

学无常师　孔子周游列国在卫国停留时，公孙朝问子贡孔子的知识是从哪里学来的，子贡说：“文武之道，未坠于地，在人。贤者识其大者，

不贤者识其小者。莫不有文武之道焉。夫子焉不学？而亦何常师之有？”（《论语·子张》）文武之道还保存在人间，贤能的人知道大的，不贤能的人知道小的，孔子哪一个不去学呢，哪里有固定的老师？孔子确实是学无常师，据记载他就曾问官郯子，问礼老子，学琴师襄，访乐苌弘，进太庙每事问，“三人行必有我师”，“见贤思齐”，随时随地的向人学习。

举一反三 孔子提倡演绎类推的学习方法，主张举一隅而以三隅反，指出器物的一面就能推知其他的三面，举一反三这个词就是从孔子的话中产生的。学习不仅要举一反三，还要“闻一知十”，子贡认为自己不如颜回聪明，自己闻一知二，颜回能闻一知十，通过一件事就能推知十件事，孔子同意子贡的意见，谦虚地赞许颜回说：“我和你都赶不上他。”

↓**三圣图** 中为孔子，左为曾参，右为颜回，人物衣纹书写着《论语》。[明] 佚名 作。

哲学思想

孔子虽然自称“述而不作”，但事实上却开创性地基本建立了一个包括世界观、天命观、认识论、方法论在内的哲学思想体系。孔子不是进行纯哲学的研究，而是将哲学与政治、社会、文化、伦理道德等社会科学和自然科学紧密结合，通过对政治、社会、文化、伦理道德等社会科学和自然科学的历史研究和实际观察，又归结于政治、社会、文化、伦理道德等社会科学和自然科学的实践，功利性很强，所以黑格尔说："孔子只是一个实际的世间智者，在他那里思辨的哲学是一点也没有的，只是一些善良的、老练的、道德的教训。"（黑格尔《哲学史讲演录》第1卷，商务印书馆1981年版，第119页）这固然是西方哲学家对东方哲学的偏见，但也不可否认，孔子的哲学思想确实缺少思辨能力，但考虑到孔子早于黑格尔2300多年，孔子的思想也就非常难能可贵了。

世界观

应该说，孔子的世界观尚未形成完整的体系，但从他的言论中可以看出，他认为世界是在不断发展变化的，要顺应客观规律，已具有唯物辨证的成分。

世界在不断地变化，社会制度也在不断地变化，但这种变化是可知的。弟子子张问："十世可知也？"孔子回答说："殷因于夏礼，所损益，可知也；周因于殷礼，所损益，可知也。其或继周者，虽百世，可知也。"（《论语·为政》）社会制度的变化是可预知的，那就是对旧的制度进行损益，适合的就保留，不适合的就废弃，不足的就创新。在这种损益中，要继承历史上的优秀文化："行夏之时，乘殷之辂，服周之冕，乐则韶舞。放郑声，远佞人。郑声淫，佞人殆。"（《论语·卫灵公》），用夏代的历法（现在我们仍然把阴历称作夏历），商朝的车子，周朝的礼帽，舜和周武王的音乐，舍弃郑国的音乐，斥退小人，因为郑国的音乐靡曼淫秽。要跟随时代的变化，"麻冕，礼也；今也纯，俭，吾从众"（《论语·子罕》），按照传统的制度，礼帽应该是用麻料来做，现在都用丝料，虽然不合乎礼制，但节省费用，我采用大家的做法。孔子不仅跟随时代的变化，而且敢为人先，首创私学，有教无类，打破学在官府的传统，将教育扩展到民间，不分富贵贫贱，对青年一并进行教育。更难能可贵的是，孔子认为社会在发展，后人一定会超过前人，"后生可畏，焉知来者之不如今也"（《论语·子罕》，年轻人是可怕的，怎么能断定他将来赶不上现在的人呢？

天命观

在孔子以前的传统思想中，"天"是自然和社会的最高主宰，"命"是

自己无法控制的异己力量。春秋时期，人们仍然认为天主宰着一切，支配着人的命运，鬼神也可祸福人类。孔子也谈论天，谈论天命，但他重人道，轻天道，敢于同命运抗争，“知其不可而为之”，对鬼神敬而远之。

子路说：“夫子之文章，可得而闻也。夫子之言性与天道，不可得而闻也”（《论语 · 公冶长》），看来孔子是重人道，轻天道，很少谈论天的。在《论语》中，孔子仅有八次谈到天，如果把孔子谈的天分类的话，可以分作两类。一是无意识的自然的天：“天何言哉！四时行焉，百物生焉，天何言哉？”（《论语·阳货》）天说了什么呢？四季照样运行，万物照样生长，天并不是发号施令的主宰神。二是具有意志的人格神：“吾谁欺？欺天乎”（《论语 · 子罕》），“获罪于天，无所祷也”（《论语 · 八佾》，“不怨天，不尤人。下学而上达。知我者，其天乎”（《论语 · 宪问》），“子见南子，子路不说。夫子矢之曰:‘予所否者，天厌之！天厌之’”（《论语·雍也》），“颜渊死。子曰:‘噫！天丧予！天丧予！”（《论语·先进》）匡地被围，孔子说:“文王既没，文不在兹乎？天之将丧斯文也，后死者不得与于斯文也；天之未丧斯文也，匡人其如予何？”（《论语 · 子罕》）天是有意志、能赏罚的人格神。在孔子最困难、最痛苦、最需要依靠的情况下，天能给孔子以心灵的慰藉，精神的力量，鼓舞孔子去斗争，但是孔子对天似乎也不相信，

↓楚狂接舆
孔子明知改革社会的主张行不通但他还极力进行宣传。

虽然他自许“天生德于予”，老天给了我这样的品德，桓魋能把我怎么样？但当宋人伐树警告时孔子还是逃命要紧，以致和弟子们都跑散了。

《论语》说“子罕言利；与命与仁”，孔子很少谈论命运，但并不是不谈。孔子也谈论命，论命也可分作两类，“君子有三畏：畏天命，畏大人，畏圣人之言。小人不知天命而不畏也”（《论语·季氏》），“不知命，无以为君子也”（《论语·尧曰》），结合孔子的“四十而不惑，五十而知天命”来看，天命并不是冥冥之中不可把握的一种神秘的主宰力量，而是人类可以掌握的自然界的客观规律；但另一类就成了神秘的主宰力量：“命矣夫！斯人也而有斯疾也”（《论语·雍也》），“道之将行也与，命也；道之将废也与，命也”（《论语·宪问》）。在命运方面，孔子可贵之处在于敢于同命运抗争，“知其不可而为之”，明明知道自己做不到但还是去努力，他抛弃荣华富贵去周游列国，宣传自己的政治主张，寻求实现自己政治抱负、改善社会的机会，以致于颠沛流离、饱受困苦而不悔，“天下有道，丘不与易也”（《论语·微子》），天下无道，即使自己做不到，也要努力去改革。

↑习礼树下图

孔子在树下习礼，宋国司马桓魋派人伐掉大树警告孔子，孔子虽然说“天生德于予，桓魋其如予何”但还是与弟子们跑散了。

《论语》说“子不语怪力乱神”，孔子很少讲鬼神。孔子重人事，轻鬼神，“未能事人，焉能事鬼”，所以“敬鬼神而远之”，对鬼神采取的是不相信的态度，这在认为鬼神掌管吉凶、可以祸福人类的春秋时期是难能可贵的。对于传统的祭祀，孔子虽然要求“祭思敬”，但对祭祀的态度是“祭如在，祭神如神在”，“吾不与祭，如不祭”（《论语·八佾》），对自己不能主持的祭祀是不会请别人代办的，因为“非其鬼而祭之，谄也”。墨子对儒家对鬼神、祭祀的态度看得非常清楚，他说“儒者执无鬼而学祭”，不信鬼神却学习祭祀礼仪，这是因为祭祀祖先是为了教育活着的子孙，团结宗族，

→问津图
孔子栖栖惶惶周游列国，就是寻找改造社会的机会。

祭祀神灵是感谢有功于后人的先人，如教民稼穑的神农、发明车船的黄帝、教民蚕桑的嫘祖以及造福于社会的尧、舜、禹、汤等，这些祭祀和民间的祈福活动是有质的差别的。

应该说孔子对天、天命、鬼神的态度是有矛盾的，造成这种矛盾的原因是当时社会的天命观、鬼神观念非常强烈，孔子要改造社会必然会涉及社会的各个方面，必然涉及到社会上流行的天命、鬼神观念，虽然孔子言语中多次涉及到天命、鬼神，但他并不那么相信天命、鬼神。一部中国思想史主要探讨人生社会而少讲天命，多讲人事而少讲鬼神，只讲改善社会、修养品德而不讲灵魂不灭，这不能不说是孔子发端的功劳。

认识论

哲学的根本问题是存在与思维的关系问题，也就是认识的来源问题。

孔子曾将人分为四等“生而知之者上也；学而知之者次也；困而学之，又其次也；困而不学，民斯为下矣”（《论语·季氏》），世界上似乎就有

←为委吏图
孔子年轻时曾经做过管理仓库的小吏。

生来就有知识的人，但是在所有的文献中，孔子推崇过的人物虽然很多，但并没有一个被他推许为生而知之，对于自己，他也并不以“生而知之”自许，“我非生而知之者，好古，敏以求之者也”（《论语·述而》），自己不是生而知之的人，而是爱好古代文化并勤奋敏捷去追求的人。《论语》记载说，太宰问子贡：“夫子圣者与？何其多能也？”子贡回答说：“固天纵之将圣，又多能也。”是上天要使孔子成为圣人，所以才使他多才多艺，但孔子却不承认，是自己少时卑贱，才学会很多技艺的：“吾少也贱，故多能鄙事。”（《论语·子罕》）

孔子虽然没有专谈认识的理论，但是孔子提倡的学习方法，观察分析事物的方法却是合乎认识事物的规律的。

学习的方法一是“每事问”：多问，多见。二是学习：随时随地地向他人学习，“三人行，必有我师焉”；向有专门知识的人虚心求教，他曾问礼于老子，学琴于师襄，访官于郯子，访乐于苌弘；学习要刻苦，孔子研究《易经》，韦编三绝；学习要追根求源，孔子学琴师襄，反复练习，一

↑问礼老子 孔子曾专程到洛阳向老子请教礼制问题。

直到弄清作曲人的志向、乐趣、形象才停止；学习要专心，在齐闻韶后，三个月都尝不出肉的香味来；学习要触类旁通，举一反三，“闻一知十”，“下学而上达”，懂得一件事，可以推演而知十件事，学习基础的知识，可由此进而领会高深的道理，此即理性演绎的方法。孔子观欹器，就领悟出满招损、谦受益的道理。三是学思结合：“学而不思则罔，思而不学则殆。”（《论语·为政》）只读书不思考就会受欺骗，只思考不读书就会主观片面，思考要建立在已有知识的基础上，否则即为空想，“吾尝终日不食，终夜不寝，以思，无益，不如学也”，孔子的这些言论已经接触到感性认识和理性认识的关系问题，而且相当重视理性认识。四是对知识采取实事求是的态度：“知之为知之，不知为不知，是知也！”（《论语·为政》）不能不懂装懂，“子绝四：毋意，

↓学琴师襄图 学习要专心，追根求源。

毋必，毋固，毋我”（《论语 · 子罕》），不平空猜测，不绝对肯定，不固执己见，不惟我独是。

观察分析事物的方法一是对感性认识要持存疑、审慎的态度。孔子说:“多闻阙疑，慎言其余，则寡尤;多见阙殆，慎行其余，则寡悔。”（《论语 · 为政》），多听，对有怀疑的地方加以保留，谨慎地说出自信无疑的部分就能减少错误；多看，对有怀疑的地方加以保留，谨慎地实行自信无疑的部分，就能减少后悔。二是要进行分析，“法语之言，能无从乎？改之为贵。巽与之言，能无说乎？绎之为贵”（《论语 · 子罕》），合乎原则的话能不顺从吗？改正错误才可贵；顺从己意的话能不高兴吗？分析一下才可贵。三是要综合考察：“视其所以，观其所由，察其所安，人焉廋哉？人焉廋哉？”（《论语 · 为政》）了解一个人要考察他的行动、方式方法和事后的心情，这样就不会被他所欺骗；了解一个人不仅要听他的话，而且还要考察他的行动，“始吾于人也，听其言而信其行；今吾于人也，听其言而观其行”（《论语 · 公冶长》）。

方法论

孔子提倡中庸之道，主张执两用中，反对过与不及，提倡和而不同，这是孔子在研究历史和实际观察中以逻辑思维与形象思维相结合经过多方面对事物发展变化基本原因的分析、综合得出的方法论。

中庸是孔子哲学中的重要范畴，“中”就是中正、中和，“庸”就是常，“用中为常道也”（《礼记 · 中庸》），朱熹解释说“中庸者，不偏、不倚，无过、不及而平常之理”（《四书集注》），二程解释说“不偏之谓中，不易之谓庸。中者天下之正道，庸者天下之定理”，中庸就是恰当地处理问题的正确的、不能变易的原则。从文献看，孔子以前就有“中”的概念，但将“中庸”作为道德提出来的却是孔子，“中庸之为德也，其至矣乎！民鲜久矣”（《论语 · 雍也》），把中庸当成最高的道德。

中庸要求“允执其中”，既不支持矛盾的肯定方面实行残酷斗争，也不站在矛盾的否定方面促成矛盾转化，而是站在中立的角度，使矛盾统一体协调地保持下去。表现在方法论上，强调矛盾的统一、调和，反对过头和不及，“过犹不及”，“《关雎》乐而不淫，哀而不伤”，快乐而不放荡，

悲哀而不痛苦，矛盾的两个方面快乐与放荡、悲哀与痛苦把握得恰到好处，和谐统一。治理国家要执两用中，“舜其大知也与！舜好问而好察迩言，隐恶而扬善，执其两端，用其中于民，其斯以为舜乎！”（《礼记·中庸》）掌握过头和不足，取其中施行于民众。生活上要中庸，“张而不弛，文武弗能也；弛而不张，文武弗为也；一张一弛，文武之道也”（《礼记·杂记下》），劳逸结合才是正确的生活方法。处理人际关系要中庸，“君子和

↑**读易有感**　损益合度才能长久。

↑**观蜡论俗**　辛勤劳作一年后农民的蜡祭狂欢孔子认为是一张一弛。

而不同，小人同而不和”（《论语·子路》），和而不同是允许保留不同意见之上的共识与和谐，同而不和是毫无原则的随声附和。个人修养要中庸，“质胜文则野，文胜质则史。文质彬彬，然后君子”（《论语·雍也》），文采和朴实把握得恰到好处才能是文质彬彬的君子。

孔子的中庸方法论特点是承认矛盾，调和矛盾，使矛盾的两方面统一和谐，在具体的使用上是不论处理任何事情都要把握一个合适的度，要把矛盾的诸方面处理得恰到好处。毛泽东对此称赞说：“孔子的中庸观念是孔子的一大发现，一大功绩，是哲学的重要范畴，值得很好地解释一番。”（《毛泽东书信集》）

经济思想

孔子虽然“罕言利”，关于经济的言论零散而不系统地散见于《论语》等文献中，但他并非没有经济思想，如果加以分析归纳，还是可以理出孔子经济思想的大概的。

在生产观点上，孔子认为生产劳动是小人的事情，君子、士人不应从事生产劳动，“君子怀德，小人怀土”“君子谋道不谋食”，所以弟子樊迟向孔子请教学习种庄稼和种蔬菜，孔子不仅不教他，背后还骂他是小人。孔子虽然反对君子和士人从事生产劳动，但孔子非常重视物质生产，“所重民、食、丧、祭”，粮食是仅次于人民被优先重视的事情，“足食足兵，民信之矣”，粮食充足才能得到人们的信任。所以孔子主张富民，初到卫国，他赞叹人口众多，冉求问人口多了以后怎么办，孔子就说“富之”，使他们富裕起来，冉求又问富裕以后怎么办，孔子回答说“教之”，教育他们。孔子的富、教主张既体现了他的经济思想，也反映了他的政治思想，孔子的经济思想是为他的政治思想服务的。

在社会财富的分配上，孔子主张平均，要兼顾贵族和劳动者双方的利益。在《论语·季氏》中，孔子提出“不患寡而患不均”的观点，治理国家，不必担心财富的贫乏，财富分配的不平均才是最值得担心的，社会财富的分配要平均。西周初年，实行助耕公田的贡赋法，将国家土地

分作官田和私田，私田授给农民耕种，以解决其生活的需要，作为条件，农民必须耕种公田，公田的收入归国家所有，被称为“什一而藉”，国家征收了大约十分之一的税，同时，国家还征收军赋，用于军事活动。但是到了春秋时期，随着社会的发展，旧的土地制度已经被打破，土地私有，赋税制度也必须改革，宣公十五年（前 594 年），鲁国首先实行了“初税亩”制度，按照土地面积收税，大多学者认为，征税比例提高到十分之二，增加了一倍。哀公十一年（前 484 年），季孙氏计划“用田赋”，将过去“有军旅之出则征之，无则已”的军赋也改为按照土地面积征收而且改为年年征收的常赋，事前季孙氏派冉求去征求孔子的意见，刚刚返回鲁国的孔子也许对季孙氏有所期待，没有公开反对，私下对冉求表达了他的反对之意，“君子之行也，度于礼，施取其厚，事举其中，敛从其薄”，要采用周公之典，收税要少。当冉求帮助季孙氏推行田赋时，孔子大怒，鼓动弟子们“鸣鼓而攻之”，反对季孙氏的横征暴敛。

在生产上，孔子主张不能耽误农时，要合理使用资源。中国从农业文明出现后，一直以农立国，农业经济实际上就是国家的经济。所以孔子一再提出要“使民以时”，国家从事建设，一定要选在农闲季节，不要

↑**子贡辞行**　子贡去任信阳宰，孔子告诫他无夺、无伐、无暴、无盗。

在农忙时征用农民，以免影响农业生产。孔子还非常重视合理使用土地资源，他任鲁国司空时，将土地分成五类，因地制宜地种植各种农作物，结果“物各得其所生之宜，咸得厥所”。孔子还具有持续发展和环保意识，

↑**放鯫知德**

孔子弟子宓不齐任单父宰，规定渔民只捉大鱼，捉到小鱼要放回去。

主张“入山泽以其时”，按照节令狩猎、打鱼。《论语》还说孔子“钓而不纲，弋不射宿”，钓鱼时一杆一钓，不用长绳悬挂很多钓钩，射鸟时决不去射歇宿了的归鸟。受孔子的教育，弟子宓不齐任单父宰，规定只准捉大鱼，不准捉小鱼，打鱼的人捉到小鱼都自觉地放回去。

在商业流通方面，孔子主张废除关卡，自由贸易，反对商业行为中的弄虚作假和伪劣假冒。春秋以前，中国还没有重农抑商的思想，孔子虽然反对弟子樊迟学种庄稼和蔬菜，但没有反对弟子子贡经商，反而称赞他“亿则屡中”，能准确地预测商品的行情。孔子主张自由经商，“入山泽以其时而无征，关讥市廛皆不收赋”，鲁国臧文仲设置六关征收过往的商品税就遭到孔子的坚决反对。孔子还反对商业活动中的欺诈行为，治理鲁国三月以后，卖羊的沈犹氏再也不敢在早晨将羊灌得饱饱的，卖马牛的不敢再漫天要价，卖猪羊的不敢再装饰外表。

↑**鲁国大治**
孔子代理鲁国宰相三个月，卖猪羊的商人就不再漫天要价。

在消费上，孔子主张国家财政开支节用克俭，个人消费依礼而行。孔子三十多岁逗留齐国期间，齐景公向他问政，孔子回答说“政在节财”，节约财政开支。孔子还说：“道千乘之国，敬事而信，节用而爱人，使民以时”，治理国家，要节省开支，爱护人民，国家减少了开支，就能减少对人民的剥削，就能实现孔子所提倡的轻敛薄赋，这和孔子的仁政思想是一致的。对个人消费，孔子主张依礼而行，既不能奢侈，也不能吝啬，要俭奢合度，特别提倡节俭。他说“奢则不孙，俭则固。与其不孙也，宁固”，奢侈就显得骄傲，太俭省就显得寒伧，与其显得骄傲，不如寒伧为好；“礼，与其奢也，宁俭；丧，与其易也，宁戚”，行礼，与其铺张浪费，不如朴素俭约，丧事，与其礼仪周到，不如内心悲痛；以礼行事，都要坚持节俭的原则。

管理思想

孔子的管理思想是一个完整的体系，内容非常丰富，包括行政管理、经济管理、军事管理、人才管理、教育管理等方面，它的核心是道德教化，特点是重视人才，最高的标准是无为而治，由孔子提倡而不断发展的儒家管理思想在长期的封建社会中成为治国方略的基础，对后世产生了重大的影响。

↑**化行中都**　孔子任中都宰一年，路不拾遗，市不二价。

↓**泰山问政**　孔子认为，减少徭役，减轻赋税就能使人民富裕。

孔子的管理思想是为他的政治思想服务的，“道之以政，齐之以刑，民免而无耻。道之以德，齐之以礼，有耻且格”，这段话最能反映孔子的行政管理思想，管理国家如果只用政令来引导，用刑罚来整顿，老百姓即使能免于犯罪也没有羞耻之心，如果用道德来引导，用礼教来整顿，老百姓不仅有羞耻之心而且能够诚心归服。用道德引导，用礼教整顿，这既是孔子行政管理思想的核心，也是孔子整个管理思想的核心。

在行政管理方面，孔子主张以德治国，以礼治国，所以提倡施行仁政，管理者要“节用而爱人”，爱护百姓，要进行礼乐教化，先教后诛，“不教而杀谓之虐”，少用刑罚，不用杀戮，“子为政，焉用杀”。管理者要“敬事而信”，严肃认真地从事治民的重任，对人民讲究信用；“信则人任焉”，只有对人民诚信无欺，才能得到人民的信任；“上好信，则民莫敢不用情”，管理者诚信无欺，人民才会竭心尽力；“信以成之”，讲究信用才能成功；管理者要切记“自古皆有死，民无信不立”，对人民不讲信用，国家就不能巩固。管理国家要正名，“名不正则言不顺，言不顺则事不成，事不成

→舜像
古代的圣明帝王，选用干练的人才是国家大治。

则礼乐不兴，礼乐不兴则刑罚不中，刑罚不中则民无所措手足”，管理者只有名分端正才能名正言顺地治理好国家。

在经济管理方面，孔子主张节约，“政在节财”，“道千乘之国，敬事而信，节用而爱人，使民以时”，管理国家，要节省费用；安排工程建设要躲开农忙季节，不影响农业生产；赋税要少，“敛从其薄”；要“惠而不费”，“因民之利而利之”，按照人民得到利益的愿望而给人民好处，使人民得到好处而国家却无所耗费（详见“经济思想”一节）。

在人才管理方面，孔子非常重视人才的作用。鲁哀公问政，孔子回答说：“政在选臣”，治理好国家的关键是选拔人才。所以孔子主张“举贤才”，鲁哀公问怎样才能使人民服从，孔子说“举直错诸枉，则民服；举枉错诸直，则民不服”，提拔正直的人使之在不正直的人之上人民就服从，提拔不正直的人使之在正直的人之上人民就不服从，要选拔重用正直的人，“举直错诸枉，能使枉者直”，提拔重用正直的人，使之位在不正直的人之上，连不正直的人也会正直起来。弟子子游担任了武城宰以后，孔子就问他一个问题，“女得人焉耳乎”？你得到人才没有。弟子冉雍担任季孙氏的总管，向孔子请教如何进行管理，孔子告诉他“先有司，赦小过，举贤才”，自己以身作则给工作人员带头，不计较别人的小过失，选拔优秀的人才。冉雍又问怎样识别选拔人才，孔子说“举尔所知。尔所不知，人其舍诸？”选拔自己所了解的优秀人才，自己不了解的人才别人也会推荐的。

孔子主张举贤才，但深知人才难得，“舜有臣五人而天下治”，舜有五位干练的大臣就能天下大治，孔子感叹地说“才难，不其然乎”？人才难得，不是这样吗？所以樊迟问什么是明智时，孔子深有感触地说“知人”，善于识别人才就是明智。对于如何识别人才，孔子提出了一套有效的原则和办法。

孔子选拔人才的原则一是“无求备于一人”，对人才不要求全责备。他说，“君子易事而难说也。说之不以道，不说也；及其使人也，器之。小人难事而易说也。说之虽不以道，说也；及其使人也，求备焉”，在君子手下做事很容易，因为他按照人的才能去分配任务，但讨他喜欢很难，因为用不合乎道义的方法去讨他喜欢他是不会喜欢的，小人恰恰相反，在他手下做事很难，他用人求全责备。人无完人，金无足赤，看人要向

前看，“后生可畏，焉知来者之不如今也”，孔子是看重年轻人的；看人要看大节，弟子子夏说“大德不逾闲，小德出入可也”，人的大节不能越出界限，小节有点出入是可以的，对人不能苛求。二是“不以言举人，不以人废言”，不能因一个人一句好话而提拔他，也不能因一个人有错误而废弃他好的建议。对那些花言巧语、面容伪善的人要警惕，“巧言令色，鲜矣仁”，这种人是很少有好的品德的。

选拔人才首先要进行考察，考察的办法一是“听其言观其行”。他说“始吾于人也，听其言而信其行；今吾于人也，听其言而观其行”，他的这个办法是在宰予白天睡觉后得出的，考察一个人不仅要听他如何说还要看他如何做，看他是不是言行一致。二是进行认真仔细的考察，“视其所以，观其所由，察其所安，人焉廋哉？人焉廋哉？”了解一个人要看他的所作所为，观察他的由来始末，考察他的心之所安，他是什么也隐藏不住的。三是考察要从大处进行。孔子说：“君子不可小知而可大受也，小人不可大受而可小知也。”君子可以担当重任，所以不要从小处去考察他。四是不要被社会舆论所左右。弟子子贡问一个人被满乡的人都喜欢怎么样，孔子认为不行，被满乡的人都厌恶怎么样，孔子认为也不行，被乡里的好人所喜欢、坏人所厌恶的人才是好人。孔子说“众恶之，必察焉；众好之，必察焉”，对大家都厌恶的人一定要仔细考察，对大家都喜欢的人也一定要仔细考察，只有这样才能发现真正的人才。

在军事管理方面，孔子主张加强战备，足兵足食，教育人民习武备战；军事权力高度集中，由天子决定出兵作战；作战要讲究战略战术；反对侵略战争，用礼乐教化征服他人（详见“军事思想”）。

孔子的管理思想所希望达到的最高境界是“无为而治”，“无为而治者其舜也与？夫何为哉？恭己正南面而已矣”，赞颂舜能自己端坐朝堂而使天下太平。其实，舜时的天下并非不需要治理，“舜有臣五人而天下治”，是任用了五位得力的官员不需要舜亲自去处理国政。孔子的无为而治是与道家的无为而治有很大不同的，道家的无为而治是顺应自然，不求有所作为而使国家得到治理，孔子的无为而治是最高统治者通过任贤使能、以德化民而使国家大治，最高统治者无为而治，其实国家还是有为而治。

史学思想

正如《汉书·艺文志》所说，“古之王者世有史官，君举必书，所以慎言行，昭法式也。左史记言，右史记事”，自文字发明以来，中国就有了记载历史的传统。《尚书·多士》说，“惟殷先人，有册有典”，三千多年前的商朝就有了文献典册，以后历代均设有主管历史的史官，也积累了众多的历史资料。但是，早期的中国史官主要对历史事实进行简单的记载，虽然也有一些史官善于分析形势，并能对历史趋势进行判断，但总的来看，对历史现象所反映的历史规律还缺乏必要的探索。在古代史学的初始阶段，虽然已经有了秉笔直书的传统，但作为史学思想还尚未形成。孔子则不然，他通过历史事件的考察能探索出历史的规律。他说：“天下有道，则礼乐征伐自天子出；天下无道，则礼乐征伐自诸侯出。自诸侯出，盖十世希不失矣；自大夫出，五世希不失矣；陪臣执国命，三世希不失

↓**孔子作春秋处**
旧址在曲阜息陬村内。

矣。”权力中心越往下移，掌权者的寿命就越短，这是孔子对他那个时代及其以前历史考察后得出的正确的结论。所以说，自孔子开始，中国史学思想开始了大发展。

孔子的史学思想注重道德伦理。中国古代史官记事直书，注重记事准确，很少对事情进行评价。孔子则不同，他记述历史非常重视进行政治的道德的伦理的评价，虽然孔子高度评价古代史官秉笔直书的传统，但他在著书时却并不信守这个传统，而是“笔则笔，削则削”，把自己的思想观点渗透到史书的字里行间。孔子根据鲁国史书作《春秋》就充分显示了这一点，如“吴楚之君自称王，而《春秋》贬之曰‘子’；践土之会实召周天子，而《春秋》讳之曰‘天王狩于河阳’”（《史记·孔子世家》），以一字寓褒贬，显示“微言大义”，后世经学家认为《春秋》每用一字必寓褒贬，称之为“春秋笔”“春秋笔法”。孟子说“王者之迹熄而《诗》亡，《诗》亡然后《春秋》作。晋之《乘》，楚之《梼杌》，鲁之《春秋》，一也：其事则齐桓、晋文，其文则史。孔子曰：‘其义则丘窃取之矣’”（《孟子·离娄下》），古代采集民间诗歌的传统废止以后《诗》也就没有了，孔子于是作《春秋》。晋国的史书《乘》，楚国的史书《梼杌》，鲁国的史书《春秋》都是一样的，

↓**洙泗书院**
孔子晚年整理古代文献的地方，在曲阜城北5公里处。

所记载的不过是齐桓公、晋文公一类的事情，行文笔法不过一般史书的笔法。孔子说，他著《春秋》就不一样，借用了《诗经》褒善贬恶的大义。孟子评价孔子作《春秋》说："世衰道微，邪说暴行有作，臣弑其君者有之，子弑其父者有之。孔子惧，作《春秋》。《春秋》，天子之事也。是故孔子曰：'知我者其惟《春秋》乎！罪我者其惟《春秋》乎！'"《孟子·滕文公下》孔子对社会失序、伦理沦丧感到害怕，所以编写了《春秋》这部书。褒善贬恶本来是天子的职责，孔子不得已编写《春秋》，所以他说："了解我的人大概就在于《春秋》吧！责骂我的人大概也在《春秋》吧！"孟子高度评价孔子作《春秋》，"孔子成《春秋》而乱臣贼子惧"（《孟子·滕文公下》），孔子写出《春秋》后，叛乱的臣子和不孝的儿子都感到害怕。孔子编纂史书具有明确的社会目的，而且也确实发挥了预期的社会作用。

孔子将历史的继承性和发展性有机统一，提出了"因、损、益"结合的历史观。弟子子张问"十世可知也"时，孔子回答说："殷因于夏礼，所损益，可知也；周因于殷礼，所损益，可知也。其或继周者，虽百世，可知也。"（《论语·为政》）殷朝沿袭了夏朝的制度，周朝沿袭了殷朝的制度，他们废除和增加的都是可以知道的，以后有继承周朝建国的，就是一百代以后也是可以预先推知它的制度的。通过分析历史上的因、损、益就能把握将来的制度。

治史要慎重是孔子史学思想的一个重要特点。他说"吾犹及史之阙文也。……今亡矣夫"（《论语·卫灵公》），赞扬古代史书保留缺字的传统，对历史要慎重，缺失了的字宁愿空着也不要随便去补。对历史孔子采取非常慎重的态度，在《论语》中，孔子只谈尧舜时代和尧舜以后的事情，尧舜以前的历史毫未涉及，因为尧舜以前的史料非常少，所以孔子避而不谈。对历史的研究孔子也非常慎重，他说："夏礼，吾能言之，杞不足征也；殷礼，吾能言之，宋不足征也。文献不足故也。足，则吾能征之矣。"（《论语·八佾》）夏代的礼我能说出来，它的后裔杞国不能足以作证；商代的礼我能说出来，它的后裔宋国不能足以作证；这是因为两国文献不足的缘故。如果有足够的文献，我就能够引来作证。历史的研究要以文献为依据。

孔子虽然对历史采取"笔则笔，削则削"的态度，但只是在需要表

现自己的政治观点的时候偶尔采用，总的看来，孔子还是赞成秉笔直书的传统的。晋灵公做事不合君道，横征暴敛，随意弹打百姓，厨师烹治熊掌不熟就被杀死，臣子劝谏不听，阴谋杀害大臣赵盾，结果被臣子赵穿杀死，赵盾准备逃亡国外，没到边境就返回来，重新执政。晋国史官董狐记载说“赵盾弑其君”，并宣示于朝。赵盾不同意，董狐说：“您是正卿，逃亡没有走出国境，回来后又不讨伐杀死国君的人，杀死国君的不是您还是谁？”赵盾觉得董狐的话有道理。孔子评价说：“董狐，古之良史也，书法不隐。赵宣子，古之良大夫也，为法受恶。惜乎！越竟乃免。”赞扬董狐是好史官，依法直书其事而不加隐讳。赵盾太可惜了，如果逃亡出了国境就可以不背杀君的罪名了。孔子曾说:“辞达而已矣”（《卫灵公》），文字只要能表达意思就行了，又说“言之无文，行而不远”（《左传·襄公二十五年》），言语没有文采是不能传到远方的，两者似乎是矛盾的。但是从他的“质胜文则野，文胜质则史”、“文质彬彬，然后君子”来看，孔子是主张文采朴实要搭配得当的，因为朴实超过文采就显得粗野，文采超过朴实就显得虚浮。

军事思想

→冉求像
冉求（前522年～？），孔子弟子，多才高艺，以从政能力著称。

《论语》和《史记》都记载，卫灵公问孔子如何排兵布阵，孔子说“俎豆之事，则尝闻之矣；军旅之事，未之学也”，礼仪的事情曾经听到过，军队的事情从来没有学过，其实这是孔子不愿回答卫灵公的遁词，孔子并不是不懂军事。孔子所教弟子的六艺中的射、御都属于军事，射是射箭，御是驾驭马车，在孔子生活的年代，马车是重要的作战工具。文献中虽然没有孔子直接进行军事内容教育的记载，但《左传》记载了弟子冉求在成功打退齐国入侵后将自己建立军功归功于孔子的教育。哀公十一年，齐国入侵，季康子问如何抵挡，冉求建议季孙、叔孙、孟孙三家一家守国，两家御敌于国境，季康子认为不能，冉求建议在郊外抵抗，孟孙氏、叔孙氏也不同意，冉求建议季孙氏一家背城而战，季孙一家的兵车就比齐国来犯的军队多，不用担心战败，而且大敌当前，不随你作战的就不是鲁国人。季孙执政，叔孙氏、孟孙氏当然不愿出兵，而季康子不出战就没脸面对诸侯。季康子上朝，让冉求在外等候，叔孙武叔把冉求叫过去咨询作战的问题，冉求回答说“君子们有长远的考虑，小人知道什么”，孟懿子一定要他回答，冉求说“小人考虑了自己的才干才说话，根据自己的能力来效力”，叔孙武叔明白了，他说“你是说我不是大丈夫”，回去就检阅军队，准备抵抗齐国的入侵。季康子命冉求率领左军，孔子的另一个弟子樊迟作他的车右，季康子认为樊迟太小，冉求却认为樊迟能够完成任务。开战后，鲁国军队不敢过沟与齐军交战，樊迟对冉求说:“军队不是不能过沟，是不相信你，请你三申号令带头过沟。”冉求首先过沟，大军随之过沟攻击齐军。交战后，孟孙氏的右军不堪一击，在右翼败退的情况下，冉求亲自持矛作战，带领左军打败了齐军。事后，季康子问冉求是学会的打仗还是生来就会，冉求说是跟孔子学的。这说明，孔子是教弟子们学习过军事的。

←灵公问阵图
卫灵公问如何排阵打仗，孔子以没有学过拒绝回答。

孔子不仅懂得军事战术，而且懂得军政大计。子贡问政，

孔子说："足食，足兵，民信之矣"，将粮食充足、军备充足当作国家大计。孔子注重文武两手结合，主张"有文事者必有武备，有武事者必有文备"，齐鲁国君夹谷相会，正是因为孔子的建议，鲁国设置左右司马，预先准备了军队，才挫败了齐国的一个又一个阴谋，取得了外交上的胜利。孔子主张加强战备，教民习武备战，"善人教民七年，亦可以即戎矣"，人民经过七年的教育就能作战了，反对不进行战争训练就让人民去作战，"以不教民战，是谓弃之"（《论语 · 子路》），用没有经过训练的人去作战，那就是让人去送死。孔子主张军权集中，"天下有道，则礼乐征伐自天子出；天下无道，则礼乐征伐自诸侯出"，出兵打仗由天子决定就是天下有道，诸侯相互攻打就是天下无道，就造成了社会的动乱，给人民带来痛苦。孔子提倡讲究谋略战术，子路问孔子："子行三军，则谁与？"您统率三军，找谁共事？孔子说："暴虎冯河，死而不悔者，吾不与也。必也临事而惧，好谋而成者也。"不会去找那种赤手空拳和老虎搏斗，不用船只就过河，死了都不后悔的人，一定去找面临任务便谨慎恐惧，善于运用谋略去成功的人。孔子对战争持谨慎的态度，"子之所慎：斋，战，疾"。孔子主张和平，反对侵略战争，季氏准备攻打颛臾，孔子强烈反对，不能"谋动干戈于邦内"，在自己国家内进行战争，"远人不服，则修文德以来之"，远方的人没有归服，要用礼乐教化招徕他们，不能用战争来征服。

↑**夹谷会齐**　齐鲁国君相会，孔子文事而有武备，才取得了外交上的胜利。

孔子

及其思想对我国的贡献

孔子自幼潜心向学，学无常师，不耻下问，学而不厌，总结了一套系统的学习方法；他首创私学，有教无类，一生从事教育事业，积累了丰富的教育经验，创造了科学的教育方法和教育方式，创立了完整的教育理论；他删诗书、订礼乐，系周易，作《春秋》，整理了众多的古代文献，为古代文化的保存与传承作出了重要贡献；面对争战不已的社会现实，他痛心疾首，勤于思考，善于思考，提出一整套恢复社会秩序、重建和谐社会的主张、方法。从汉武帝罢黜百家、独尊儒术以来，孔子思想成为中国封建社会的指导思想，推动了社会的进步，促进了多民族国家的形成和发展，为中华民族的思想、文化、经济等方面的发展作出了重大贡献。

孔子的贡献

孔子及其思想对中华民族的贡献是多方面的，当然他最大的贡献就是创立了以仁为核心的儒家思想，其次应该是整理古代文献和首创私学。

↓删述六经图
孔子晚年整理了古代文献。

整理古代文献

中国是一个具有悠久历史和众多文献的国家，但到春秋时期，礼崩乐坏，历史文献受到破坏，大多散失，孔子开始创办私学时就已经发觉了这个问题，有感于教材不足，就对古代文献进行整理，编纂教材。周游列国期间，孔子也曾进行古代文献的整理工作，归来后集中精力，对古代文献进行了全面系统的整理，后人将他整理古代文献的工作称之为删《诗》《书》，订《礼》《乐》，系《周易》，作《春秋》。

《诗》原来是人们在劳动中口头创作的民歌，古代官方有专门搜集民歌的官员，目的是通过民歌了解民俗和从政的得失。民歌本来就是歌、舞、乐三位一体的艺术表演形式，官方收集后除了上述的考察政治得失功用外，还将它整理后作为宫廷、贵族演出的内容。中国是诗的国度，从远古时期就产生了大量的民歌，而且民歌不断产生，不断被官方搜集，当然官方对民歌也要进行整理，一些被淘汰了，一些被保存了下来，不断积累就形成了《诗》，它的数量应该是很大的。据司马迁说，“古者诗三千馀篇，及至孔子，去其重，取可施于礼义，上采契后稷，中述殷周之盛，至幽厉之缺，始于衽席，故曰‘《关雎》之乱为《风》始，《鹿鸣》为《小雅》始，《文王》为《大雅》始，《清庙》为《颂》始’。三百五篇孔子皆弦歌之，以求合《韶》《武》《雅》《颂》之音。礼乐自此可得而述，以备王道，成六艺”，孔子对原来官方保存的三千多首诗歌进行整理，以有利于礼义教化为标准进行取舍，将流传下来的《诗》删减至 305 首，而且全部配乐演唱。

↓过庭诗礼

孔子非常重视诗和礼，教育儿子孔鲤“不学诗，无以言；不学礼，无以立”。

孔子非常重视《诗》，一方面是因为《诗》除用于演出外，还用于祭祀、朝会、典礼、宴享等重大活动，是言志、应酬的工具，赋诗成为社交、外交活动的时尚，尤其是在诸侯会盟或聘问时往往以诗明志，借

以表达各自的思想意图，所以孔子教育儿子孔鲤说“不学《诗》，无以言”。二是孔子把《诗》当成修养道德、陶冶情操、齐家治国的重要手段。孔子教育弟子说：“小子何莫学夫《诗》？《诗》可以兴，可以观，可以群，可以怨。迩之事父，远之事君；多识于鸟兽草木之名。”（《论语·阳货》）《诗》不仅可以激发人的意志，抒发人的情感，观察风俗民情、自然风物等，还可以更深切地了解人，讽刺不合理的社会现象，批评时政，甚至还可以用来敬奉父母，侍奉君主，认识自然界中的鸟兽草木。

↑洙泗书院大门

孔子整理文献处，在曲阜城北。

经孔子整理过的《诗》后人称之为《诗经》，分为三部分：一是国风，收录周南、召南、邶、鄘、卫、王、郑、齐、魏、唐、秦、陈、郐、曹、豳十五个国家的民歌，有诗160篇，主要来自民间，反映了当时的风俗民情，是周代前中期的民歌；二是雅，分为小雅和大雅两部分，有诗105篇，主要是西周时期公卿大夫的献诗，内容多是议论政治得失，“言王政之所由废兴也”；三是颂，分为周颂、鲁颂和商颂三部分，是西周、宋国（商天子后裔封国）、鲁国宗庙祭祀乐歌，共40首。《诗经》经过孔子有目的的整理，注入了孔子的政治理念，成为儒家的重要经典，“正得失，动天地，感鬼神，莫近于《诗》”，通过《诗经》可以了解政治的得失，“治世之音安以乐，其政和；乱世之音怨以怒，其政乖；亡国之音哀以思，其民困《礼记·乐记》”，使用《诗经》可以用于讽谕、规谏君主，改善政治，可以祭祀神祇、祖先，得到保佑。经孔子整理和提倡，《诗》成为“六经”之一并留传下来，使我们能从中了解2000多年前的社会面貌、风俗人情、政治生活以至青年男女爱怨等，进而感受文学和艺术的熏陶。

《书》又称《尚书》，“尚”就是“上”，《尚书》就是上古之书，远古之书，是周代以前历史文献和部分追述古代事迹著作的汇编。司马迁《史记·孔子世家》说：“孔子之时，周室微而《礼》《乐》废，《诗》《书》缺。追迹三代之礼，序《书传》，上纪唐虞之际，下至秦缪，编次其事。”孔子以前就有称为《书》的古代文献流传，孔子在这些历史文献的基础上编纂了《尚书》。《尚书》汉代时有两个版本，一是今文尚书，一是古文尚书。秦始皇焚书坑儒时，博士伏生将《尚书》藏在墙内，汉文帝时访求遗书，伏生从墙内取出时已经毁掉了一部分，只剩下29篇，由晁错用当时的文字隶书抄写，被称为“今文尚书”。古文尚书也是在秦始皇焚书坑儒时所藏，由孔子九代孙孔鲋藏在孔子故居的墙内，因孔鲋南下投奔陈胜农民起义军，客死南方，到汉武帝时鲁恭王拆除孔子故居才发现，因是由古代的篆书所书写，所以被称作古文尚书。《古

↓**鲁壁**

孔鲋藏书处，在曲阜孔庙内，明代刻碑纪念。

文尚书》后来失传，现在流行的《十三经注疏》本《尚书》是由《今文尚书》和伪《古文尚书》拼合而成的。

《尚书》相传有100篇，按照时代顺序分为《虞书》《夏书》《商书》和《周书》四部分。《虞书》有5篇，但在现存本中，《舜典》是从《尧典》中分出的，记载了尧舜的事迹，《益稷》是从《皋陶》中分出的，记载了皋陶和舜、禹的一些谋议以及大禹治水的方法和事迹，《大禹谟》出自伪《古文尚书》。《夏书》有《禹贡》《甘誓》《五子之歌》《胤征》4篇，但后二篇出自伪《古文尚书》。《禹贡》记载了地理区划和风土物产，是古代重要的地理学文献，《甘誓》是夏代君主讨伐有扈氏的誓师之词，表达了夏代的天命思想。《商书》有17篇，但除《汤誓》《盘庚》上中下、《高宗肜日》《西伯戡黎》《微子》7篇外均出自伪《古文尚书》，记载商代史实。《周书》32篇，但《泰誓》以下13篇为伪书，记载周代史实。《尚书》中的文体有典、谟、誓、诰等。典是载于长大简册上的记事，谟是记载谋划之事的文章，誓是誓师之词，诰是告示、告诫之词。

《尚书》最重要的思想是敬德保民和以德配天，不能依赖祭祀的频繁和祭品的丰盛来祈求上帝鬼神的保佑，只有有良好的德行才能得到上帝鬼神的保佑和赐福。这种思想是商周之际宗教思想的重大转变，奠定了儒家重人事的思想基础。

礼的本意就是祭祀的礼仪，是在原始社会人们的日常生活产生的一些风俗习惯，到商代时逐渐发展为规范人们祭祀等行为的准则。周公在殷商之礼的基础上，结合本族的风俗习惯，制礼作乐，制定了周礼，将礼从宗教领域扩大到社会政治领域。周礼是社会秩序的基础和核心，以此划定名分，明确贵贱，分辨等级，所有的人和一切的行为都必须遵循礼的规范和准则。但到春秋时期，政治上礼崩乐坏，有关周礼的资料因不被重视也已散失不全，孔子最推崇周礼："周监于二代，郁郁乎文哉！吾从周。"（《论语·八佾》）决心恢复西周的社会秩序，需要周礼作为根据，就对周礼进行了全面的整理。

现存的礼书有《周礼》《仪礼》《礼记》三种，是经过东汉郑玄融合今文、古文两派之后定型的，孔子整理过其中的哪一些目前还有争论。《周礼》主要讲述官职建制，所以本名《周官》或《周官经》，西汉时

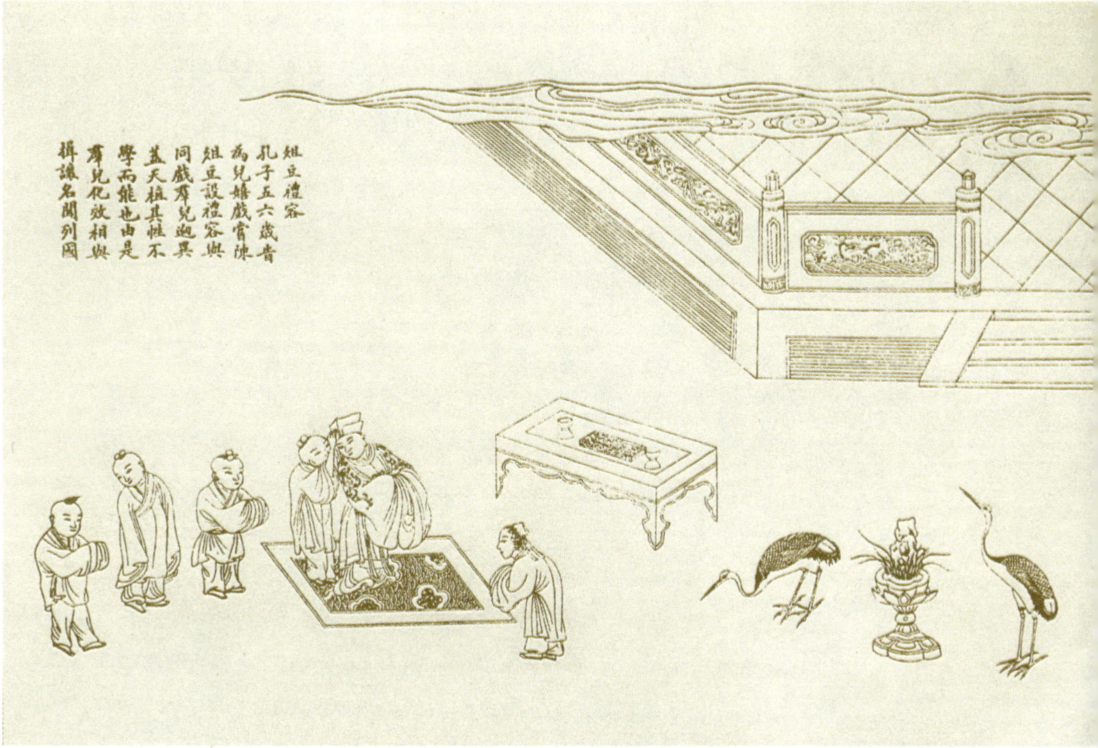

↑俎豆礼容

孔子自幼就喜欢演习礼仪。

列为经书，称为《周礼》，有人说是周公所作，有人说是伪书，过去学者一般认为是战国间所作，近代学者有的认为成书于东周初年，孔子进行整理的可能性不大。《仪礼》主要讲述各种典礼仪节，汉代时称为《礼》或《士礼》，大约到晋代才称作《仪礼》。汉代时有高堂生所传的今文本和孔子故宅鲁壁所出的古文本，今文本 17 篇，古文本 56 篇，今文本与古文本相比大致相同，但现在传世的只有 17 篇。《仪礼》的作者，古文经学者认为是周公，今文经学者认为是孔子，现代学者一般认为周公所作是不可能的，《论语》中孔子有关礼仪的论述多与《仪礼》相合，孔子是完全有可能进行过整理。《礼记》主要讲述礼的性质、作用和意义，司马迁说“故《书传》《礼记》自孔氏”，认为孔子曾作《礼记》。但《汉书·艺文志》说，礼“记百三十一篇，七十子后学者所记也”，《隋书 · 经籍志》认为，“汉初，河间献王得仲尼弟子所记一百三十一篇，至刘向校经籍，检得一百三十篇，因第而叙之。又得《明堂阴阳记》等五种，共二百四篇。戴德删其繁重，合而记之，为八十五篇，谓之《大戴记》。戴圣又删大戴之书，为四十六篇，谓之《小戴记》”。近代学者认为，《礼记》并非出自一人之手，而是众多学者的合集，其中《中庸》《坊记》《表记》《淄衣》为孔子之孙子思所作。书中收有孔子言行和弟子及时人杂事，当是出自孔子及其弟子、后学之手。

《乐经》久已不传，有人认为毁于秦始皇的焚书坑儒，有人认为根本就没有《乐经》一书，清代学者邵懿辰就说："乐之原在《诗》三百篇之中，乐之用在《礼》十七篇之中。"（《礼经通论》）否定《乐经》的存在，其实这种观点是不准确的。古代音乐与诗歌、舞蹈密不可分，国家有民间采风收集民歌的制度，收集的民歌应该有专门的机构整理保存，而保存民歌的同时应该也保存音乐。夏代和商代的制度不详，但周代是设置了专门主管乐舞机构的，同时还组织了专门的乐队。既然有音乐，就应该有记录音乐的文字资料，如果没有音乐的文字资料，我们难以想象春秋时期鲁国还能演奏夏、商、周三代的歌舞。《左传》记载，襄公二十九年（前544年），吴国公子季札出使鲁国，请观周乐，鲁国乐工为他演唱了《诗经》中的国风、大小雅和颂，表演了舜时的舞蹈《韶箾》，大禹时的舞蹈《大夏》，商汤时的舞蹈《韶濩》，周文王时的舞蹈《象箾》《南籥》，武王时的舞蹈《大武》。孔子"在齐闻《韶》，三月不知肉味"，可见《韶箾》是有音乐伴奏的。舜时的舞蹈至此次演奏已有1400多年的历史，最晚的武王舞蹈也有近500年的历史，如此悠久历史的舞蹈音乐不可能只凭舞工、乐工的口授相传而能历经动乱保存下来的。况且孔子自述说："吾自卫反鲁，然后乐正，《雅》《颂》各得其所。"（《论语·子罕》）孔子周游列国归来后正乐，正的不可能是音乐歌舞，因为那是乐官的职责，孔子正乐只能是进行文字的工作，也就是音乐文字资料的整理。孔子善于学习音乐，他学琴师襄，访乐苌弘，与别人唱歌时，人家唱得好，他就一定请人家再唱一遍，然后自己跟着学。孔子具有很高的音乐理论水平，他告诉鲁国的乐官太师说："乐曲的演奏过程是可知的，开始时翕翕热烈，接下去是纯一和谐，清晰明亮，连绵不绝，最后就这样完成了。"孔子具有非常高的音乐艺术鉴赏水平，评价《关雎》是"快乐而不放荡，悲哀而不伤痛"，评价《韶箾》是"尽善尽美"，《大武》是"尽美而不尽善"，听鲁国乐师挚演奏音乐，"从升歌开始，到《关雎》合乐结束，盛美的乐声充满耳朵"，在齐国听到《韶箾》，三个月都吃不出肉的香味来，自己感叹地说，“没有想到音乐之美能到如此境界”。孔子具有很高的音乐创造能力，他曾经创作琴曲，现存的琴曲《猗兰操》据说就是出自孔子之手。孔子非常重视音乐的教化功能，他说“《诗》使人兴起，《礼》使人立身，《乐》使人完美”。具有很高音乐修养的孔子“以诗书礼乐教”，弟子三千，乐教不仅教学生学习音乐的一些基本知识，而且还应包括音乐理论和音乐审美、鉴赏等方面的知识，不可能没有音乐的教材，孔子有可能参考既有音乐文献编写了音乐教材。孔子说“吾自卫返鲁，然后乐正”，可能是周游列国以前的教材比较简单，自卫返鲁后对乐书进行了加工和提高。如果没有乐书，我们难以相信，乐既然被列为六经之一，其他五经都有书籍，而独独乐经散存在其他五经之中，没有专门成书。我们不能以《乐经》的今已不存就否定它的曾经存在。

↓作猗兰操

孔子在山谷中见到兰草，有感于兰草沦落到与杂草为伍，作琴曲“猗兰操”。

《易》原本是古代占卜的书。古人出于对自然现象的不了解，认为

冥冥之中有神灵在主宰着一切，人民无力改变自然，无力主宰自己的命运，但却希望趋吉避凶，于是就把希望寄托于神灵，想通过神灵的启示来决定自己的行动，这就产生了占卜。早在原始社会时期占卜之

风就已盛行，进入封建社会以后又产生了以占卜为业的筮者和卜人。筮者和卜人在占卜过程中逐渐积累了丰富的占卜资料，并将占卜资料归纳总结以便以后借鉴参考，占卜的书也就出现了。据说伏羲时（有人说是夏代）就有了占卜专著《连山》，黄帝时（有人说是商代）出现了占卜专著《归藏》，周朝时又产生了《周易》。孔子时，《连山》《归藏》均已失传，只有《周易》还在流传。《周易》有经、传两部分，传统的说法是，伏羲创作八卦，文王演为六十四卦，创作了卦爻辞，孔子创作了十翼，也就是《易传》，但这种说法争论了两千多年，至今尚无定论。从宋代欧阳修开始对孔子作十翼提出质疑，认为十翼“皆非孔子所作，……亦非一人之言”，近世学者一般认为卦爻辞作于商周之际，十翼作于战国末年，而且不是一人所作，并非出自孔子之手。

孔子作《易传》的说法最早见于司马迁的《史记》。司马迁说："孔子晚而喜《易》，序《彖》《系》《象》《说卦》《文言》。"（《史记·孔子世家》）又说："孔子传《易》于瞿，瞿传楚人馯臂子弘，弘传江东人矫子庸疵，疵传燕人周子家竖，竖传淳于人光子乘羽，羽传齐人田子庄何，何传东武人王子中同，同传菑川人杨何。何元朔中以治《易》为汉中大夫。"（《史记·仲尼弟子列传》）孔子不仅作过《易传》，而且还传授给弟子商瞿，商瞿以后弟子师承有序，至司马迁时师承关系仍历历可数。司马迁（前145—？）上距孔子仅300余年，他的话应该是可信的，如此传承有序不可能是毫无根据的杜撰，恐怕也不是某几个人的几句话就可以否定得了的。

孔子确实是研究过《周易》的，《论语》记载，孔子自己曾说："加我数年，五十以学《易》，可以无大过矣。"（论语·述而）让我多活几年，五十岁后去学习《易经》，可以不会有大的错误了。孔子学习《易经》非常认真刻苦，司马迁说“孔子晚而喜《易》”，“读《易》，韦编三绝”，连穿编《易经》竹简的牛皮条都翻断了多次。从孔子的自述和司马迁的记载看，孔子研究《易经》的时间可能比较晚，但是，孔子凭着执著的态度是能够很快就学有所得的，1973年在湖南长沙马王堆出土的帛书《周易》卷后所附的佚书《要》等两篇记录了孔子与弟子研讨《易》理的问答就能说明了这一点。综合上述历史记载和新出土的历史资料看，孔子应该是为《易经》作过传的，当然不一定是全部的十翼。

《春秋》是我国第一部编年史，记载了鲁隐公元年（前 722 年）至鲁哀公十四年（前 481 年）间 242 年的历史，因此这段历史也被称作

春秋时期。关于《春秋》的作者，孟子首先说是孔子。《孟子 · 滕文公下》说："世道衰微，邪说暴行有作，臣弑其君者有之，子弑其父者有之。孔子惧，作《春秋》。《春秋》，天子之事也。是故孔子曰：'知我者其惟《春秋》乎！罪我者其惟《春秋》乎！'"其后司马迁也说："子曰：'……吾道不行矣，吾何以自见于后世哉？'乃因史记作《春秋》，上至隐公，下讫哀公十四年，十二公。据鲁，亲周，故殷，运之三代。约其文辞而指博。故吴楚之君自称王，而《春秋》贬之曰'子'；践土之会实召周天子，而《春秋》讳之曰'天王狩于河阳'；推此类以绳当世。贬损之义，后有王者举而开之。《春秋》之义行，则天下乱臣贼子惧焉。"（《史记·孔子世家》）孔子愤激于春秋时期的礼崩乐坏，痛心于无力扭转，以孔子的性格，以笔代刀，编著《春秋》以拨乱反正是完全有可能的。而孟子（约前 372—前 289）距孔子仅 100 年略多，又曾受业于孔子的

↑韦编三绝
孔子专心研究《易经》，以致将串联竹简的皮绳都翻断了多次。

孙子子思的门徒，《春秋》世有传书，作为名闻于当世的大学者，孟子绝不会凭空编造，所说应是言有所据的。孔子作《春秋》应该是毫无疑问的。近代疑古盛行，否定《春秋》为孔子所作。所持理由一是《春秋》记事简略，贬其为“断烂朝报”“流水账簿”；二是《论语》没有记载；三是《春秋》就是鲁国“史记”的原本。其实，记事简略正是《春秋》作为早期历史著作的必然特点，同样，《世本》《竹书纪年》也都具有相同的特点。《论语》虽然没有孔子编著《春秋》的记载，但《论语》并非孔子的年谱，其他史籍的孔子生平《论语》也没有记载，如果一切均以《论语》的记载为据，那么连孔子的生平都无法认定了。鲁国是有“史记”，但史官的职责是随时记载，242 年间的记载文献绝对不可能只有区区的 16500 多字。否定孔子作《春秋》的依据是难以成立的。

首创私学

↓步游洙泗

孔子讲学主要是在室外，鲁国都城附近的洙水、泗水之间是主要的活动区域。

中国古代学在官府，由国家举办学校，教育的对象当然只有贵族子弟，平民和奴隶是没有接受教育的资格的。孔子首创私学，打破了学在官府的传统，将教育扩大到民间，他招收弟子并不讲究出身，“自行束脩以上，吾未尝无诲焉”，只要能拿出一捆儿干肉作拜师的礼物就

可以。所以孔子的学生特别复杂，有贵族大夫孟懿子、南宫敬叔，贵族子弟司马牛，士子弟澹台灭明，平民颜回父子、曾参父子，野人子路，贱民冉伯牛、冉求，出身贫寒的闵子骞、原宪，家庭富有的公西赤，出身鄙家的颛孙师，富有商人子贡，蹲过监狱的公冶长等等。

孔子一生从事教育，他的教育生涯可以分为四个时期。

第一个时期是孔子教育的开创期，在三十七岁以前。有确切时间的收徒是昭公二十四年（前 518 年），这年鲁国执政大夫之一、司空孟僖子病重，临死前召集大夫们说：我听说有个将要通达的人叫孔丘，他是圣人的后代，他的祖先是宋国人，弗父何让国于弟弟厉公，正考父辅佐戴、武、宣三代国君，谦恭俭朴。圣人不做国君，他的后代必然有智能通达的人，这个人也许就是孔丘吧，我死后一定要让两个儿子去师事孔子学习礼仪。孟僖子是在鲁襄公二十九年（前 542 年）接替孟孝伯担任司空的，昭公四年（前 535 年）辅助国君出使楚国，途经郑国时，郑简公慰劳昭公，孟僖子不懂礼仪，不能担任司仪，到了楚国，也不能答谢楚国郊外慰劳之礼。孟僖子深以为耻，回国后下决心学习礼仪，谁懂得礼仪他就向谁学习。他不想让儿子重蹈自己的覆辙，所以临死时遗言让两个儿子去拜孔子为师学习礼仪。孟僖子死后，孟

↓杏坛讲学

（石可 作）《庄子》记载，孔子曾在植有杏树的土台上进行讲学。

↑**学堂冈**
孔子周游列国时讲学处，在今河南长垣县。

懿子和弟弟南宫敬叔就谨遵父命一并去拜孔子为师。这个时期的弟子还有颜路和子路等人。颜路是颜回的父亲，他比孔子只小六岁，而子路也仅比孔子小九岁。

第二个时期是孔子教育的兴盛期，时间在三十七岁到五十五岁之间，也就是孔子周游列国以前。春秋时期，原有的社会秩序被打乱，礼崩乐坏，权力下移，陪臣而执国命，鲁国也是大夫执政，家臣掌权，孔子看不惯这种局面，不愿同流合污，集中精力从事教育，教育思想、教育方法日益成熟。孔子做官后，声名大起，附近各国的青年也纷纷慕名前来拜师求学，弟子越来越多，规模越来越大，弟子遍及诸侯各国，著名弟子颜回、闵子骞、冉求、子贡、冉雍等人大约都是这期间投入孔子门下的。

↓**在陈绝粮**
周游列国期间，孔子仍从事教育活动。

第三个时期是孔子教育的发展期，时间是在孔子五十五岁到六十八岁之间，也就是孔子周游列国期间。孔子在鲁国虽然官至

大司寇，成为鲁国的重臣，但是他要恢复周礼，削弱执政大夫势力，强化国君权威，很快便受到执政大夫的反对，不得不离开父母之邦，开始了长达十四年的周游列国。孔子满怀希望上路，到处宣传自己仁政德治的政治主张，寻求推行自己主张、实现自己抱负的机会，虽然到处碰壁，但他毫不气馁，一边宣传自己的主张，一边继续进行教育事业，著名弟子颜回、子贡、子路一路追随，沿途还招收了不少当地子弟。

第四个时期是孔子教育的全盛期，时间在孔子六十八岁到去世以前的五年间。周游列国归来后，孔子已经完全失去了往日的从政热情，专心整理古代文献和培养弟子，子游、子夏、子张、曾参、有若等著名弟子都是在这时投入孔子门下的，这些弟子将孔子生前的讲学和谈话记录整理成《论语》，并将孔子的思想发扬光大，为儒学的传承发展作出了重要贡献。

↓**杏坛礼乐**
周游列国归来，孔子一边整理古代文献，一边继续从事教学活动。

在长期的教学实践活动中，孔子因材施教，循循善诱，举一反三，相互切磋，教学相长，创造了一整套科学的教育方法，培养了一大批德才兼备的人才。司马迁在《史记·孔子世家》中说“孔子以诗书礼乐教，弟子盖三千焉，身通六艺者七十有二人”，在同书的《仲尼弟子列传》中却说“孔了曰‘受业身通六艺者七十有七人’”，由此可见，弟子三千只是个约数，身通六艺者有七十多人。弟子众多，难以逐个介绍，只能将圣门四科德行、言语、政事、文学中的十个弟子和曾参简要介绍如下。

↑圣门四科
孔子弟子分为德行、政事、言语、文学四科。

颜回（前 521 年—前 481 年），字子渊，鲁国人（今曲阜人）。他是孔子最得意的弟子，出身贫寒，乐道好学，不迁怒他人，不犯同样的错误，以德行著称，位居圣门四科之首。孔子曾称赞说：“贤哉，回也！一箪食，一瓢饮，在陋巷，人不堪其忧，回也不改其乐。贤哉，回也！”用筐子盛饭，用瓢喝水，住在破败的小巷里，安贫乐道，潜心向学。他英年早逝，虽然没有著作传世，但被推崇为家贫好学的典型，被追封为复圣，在孔庙大成殿内配享孔子，故居陋巷还有庞大的专祠颜子庙。

↑颜子像

闵损（前 536 年—？），字子骞，鲁国人。出身贫穷，幼

←颜子庙
庙在曲阜北门内。

↓闵子像

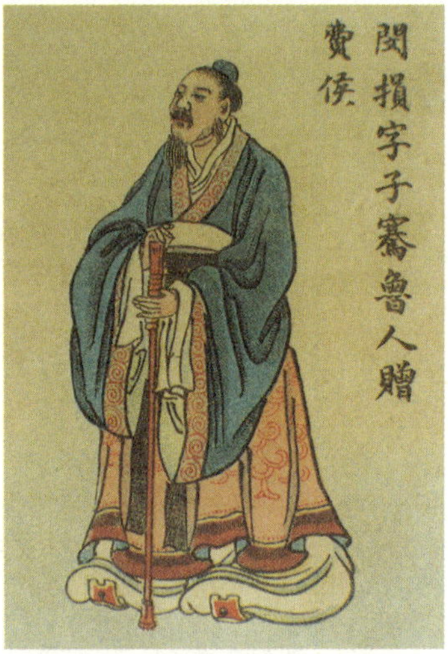

年丧母，遭后母虐待，天寒发抖掉下拉车绳，父亲很生气，用鞭子打破他的衣服才发现是用芦花做的棉衣，父亲要赶走后母，闵子骞以“母在一子单，母去三子寒”劝阻了父亲，孔子称赞他：“孝哉，闵子骞！人不间于其父母昆弟之言。”人们对他父母兄弟称赞他的话没有任何不同意见，被后世奉为孝顺的典型，鞭打芦花也被列入《二十四孝图》。为人寡言少语，老成持重，清心寡欲，淡薄仕途，孔子称赞他“不仕大夫，不食污君之禄”，品德高尚，以德行著称，宋代加封为费公，在孔庙大成殿内配祀孔子，位列十哲之首。

冉耕，字伯牛，鲁国人，与冉雍同族，也应是出身贱民家庭。为人端庄正派，直言直行，学习具体而微，善于接人待物，孔子任鲁国司寇时曾任中都宰，也曾追随孔子周游列国。后得恶疾，孔子感到非常可惜，去探望他时感伤地说：“命矣夫！斯人也而有斯疾也！斯人也而有斯疾也！”这个人竟然得了这个病！这个人竟然得了这个病！以德行著称，孔门十哲之一，宋

↑冉耕像

→冉雍像

代加封为郓公，在孔庙大成殿内配祀孔子。

冉雍（前522年—？），字仲弓，鲁国人。出身贱人家庭，勤奋好学，为人宽宏大量，不与人争，为政居敬行简，办事简略，跟随孔子周游列国，归来后任季氏总管。有德行，有治理才干，是弟子中少有的德才兼备的人物。孔子称赞说“雍也可以南面”“犁牛之子骍且角，虽欲勿用，山川其舍诸？”冉雍具有治理的才干，为什么因为他是贱民的儿子就舍弃不用呢？孔门十哲之一，宋代加封为薛公，在孔庙大成殿内配祀孔子。

→宰予像

宰予，又名宰我，字子我，鲁国人。具有革新思想，曾向孔子建议将守丧三年改为一年，结果受到孔子的批评，白天睡觉也受到过孔子的批评，但他仍是孔子最好的弟子之一，曾跟随孔子周游列国。擅长辞令，是言语科的高足之一，孔子也曾派他出使齐国、楚国。具有很强的办事能力，楚国令尹子西在劝阻楚昭王分封土地给孔子时说，楚国的使者有如子贡的吗，辅佐大臣有如颜回的吗，将帅有如子路的吗，办事官员有如宰予的吗。孔门十哲之一，宋代加封为齐公，在孔庙大成殿内配祀孔子。

端木赐（前520年—？），字子贡，卫国（今河南）人。《论语》中有关子贡和孔子的问答最多，孔子曾称赞他能举一反三，“告诸往而知来者”，办事通达，是从政的高才，“赐也达，于从政乎何有？”推许他为“瑚琏”，言语华美而卓有才干。子贡精通礼仪，能言善辩，长

↑**子贡墓**
在河南浚县南关外。

于外交，孔子称赞他是辩人，是言语科高足之一。子贡多次出使外国，他也不辱使命，屡建奇功。仅见之于《左传》的就有哀公七年的为季康子礼辞吴国召见，十一年的帮叔孙氏应对吴王，十二年劝说吴国放回卫国国君。齐国进攻鲁国，孔子派他出使外国去救鲁国，他劝齐伐楚，劝吴救鲁，劝越助吴，劝晋备楚，最后吴国打败齐国，晋国打败吴国，越国攻破吴国，称霸东南，而鲁国免于战争。《史记·仲尼弟子列传》说：“故子贡一出，存鲁，乱齐，破吴，强晋而霸越。子贡一使，使势相破，十年之中，五国各有变。”子贡还善于经商，是春秋时期著名的富商，古代著名的商人之一，被后人奉为商业之祖。孔子死后，他在孔子墓前结庐守墓六年才离去。孔门十哲之一，宋代加封为黎公。在大成殿内配祀孔子。

↓**子贡像**

↑会文亭

冉求、冉雍、冉耕会文处，在山东成武城外。

↓子路像

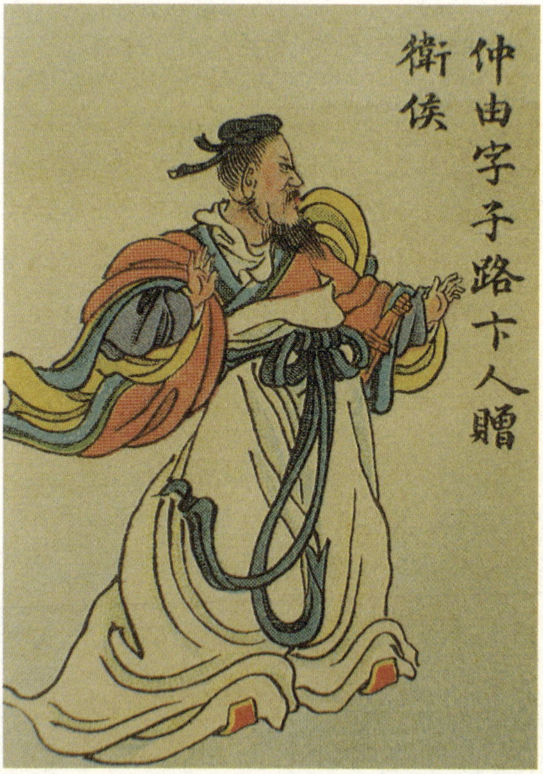

冉求（前522年—？），字子有，鲁国人。孔子称赞他多才多艺，是从政的高才，“求也艺，于从政乎何有？”“千室之邑，百乘之家，求也可使治其赋”。冉求勇武善战，长于政事，是政事科高足。鲁哀公十一年（前484年），齐国进攻鲁国，冉求时任季氏总管，积极帮助谋划，在执政三家大夫不合作的情况下，力主迎战，率领左师身先士卒，首先攻击齐军，在鲁国右师溃败的形势下打败了齐军。战争结束后，季康子问冉求的军事才能是学来的还是生来就懂，冉求回答是跟孔子学来的，趁机劝说季康子派人迎回孔子，孔子才结束了十四年的在外奔波返回鲁国。季康子改用按田亩征收军费，孔子反对，冉求作为季氏宰帮助推行，受到孔子的严厉批评，“非吾徒也，小子鸣鼓而攻之可也”，虽然在这件事上师徒反目，但以后

↑子路祠
在河南濮阳

仍然保持了良好的关系。冉求为孔门十哲之一，宋代加封为徐公。在大成殿内配祀孔子。

仲由（前 542 年—前 480 年），字子路，又字季路，鲁国卞（今山东泗水）人。出身贫贱，年轻时自己吃野菜，到百里之外为父母背米，被列为二十四孝。性情粗野，曾经轻侮孔子，经孔子礼义诱导后拜孔子为师，一生忠于孔子，敢于向孔子提意见，在弟子中与孔子关系最为密切。性格直爽，果敢勇武，信守承诺，忠于职守，见义勇为，擅长政事。孔子称赞他有从政的才能，“由也果，于从政乎何有”，“由也，千乘之国可使治其赋也”。孔子周游列国前曾任鲁国季氏的总管，周游列国时又任卫国蒯聩的蒲邑大夫。卫国太子蒯聩避祸外逃，其子立为出公，蒯聩劫持大夫孔悝赶走出公，

↓子游像

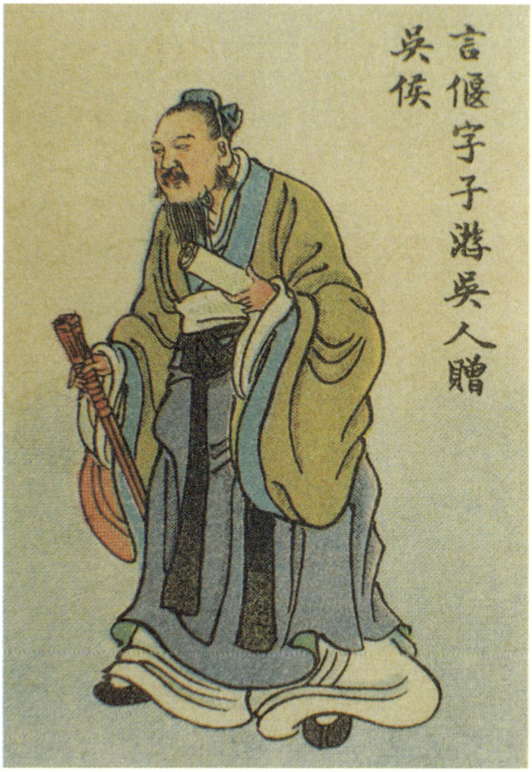

子路为救孔悝赶到都城，在战斗中被人砍断了帽子带，他说“君子死而冠不免”，在系帽带时被人砍成肉酱。子路为孔门十哲之一，宋代加封为卫公。配祀孔子于孔庙大成殿。

言偃（前506年—？），字子游，吴国（今江苏）人。为人行事重大事而轻小事，熟悉古代文献，通礼仪，为文学科高足。曾任武城宰，实践孔子的政治主张，选拔贤才澹台灭明，以礼乐教化治理百姓。孔子到了武城，听到弹琴唱歌的声音，孔子高兴地说“杀鸡何必用宰牛的刀”，子游说“过去我听您说‘君子学习礼乐就会爱人，老百姓学习礼乐就容易使唤’”，孔子说“你们都听着，子游说得对，我刚才是开玩笑”。子游为孔门十哲之一，宋代加封为吴公。配祀孔子于孔庙大成殿。

→卜商像

卜商（前507年—？），字子夏，卫国（今河南）人。出身贫寒，刻苦向学，聪明善思，能举一反三，为人勇武，喜欢与贤人相处。曾任莒父宰，孔子死后到魏国西河讲学，弟子很多，影响很大，魏文侯也拜他为师。晚年丧子，痛苦过度以致双目失明，离群索居，孤独困苦。子夏以熟悉古代文献著称，为文学科高足，对《诗》《书》《礼》《乐》《春秋》都有所解释，为孔子思想的传播作出重要贡献。他提出的“学而优则仕”和“四

→曾子像

海之内皆兄弟也”对后世影响很大。宋代加封为魏公，在孔庙大成殿内配祀孔子。

曾参（前 505 年—前 432 年），字子舆，鲁国南武城（今山东嘉祥）人。孔子晚年弟子，出身贫寒，早年亲自劳作，孔子去世以后不愿从政，收徒设学，孟子说他有弟子七十多人，《吕氏春秋》说吴起也是他弟子。《论语》所收曾参言论较多，从记载看曾参为人小心谨慎，态度谦虚，性情沉静，所以孔子说“参也鲁”，其实曾参具有大丈夫性格，“可以托六尺之孤，可以寄百里之命，临大节而不可夺也”，“士不可以不弘毅，任重而道远。仁以为己任，不亦重乎？死而后已，不亦远乎？”曾子注重道德修养，提出“吾日三省吾身”的修养方法，每天多次反省自己，替别人谋划是否竭心尽力，与朋友相交是否诚实守信，传授给别人东西是否是自己日常所讲习的。提倡慎独功夫，在别人不在或不知的情况下也不作损人利己等有违道德规范的事情。提倡和为贵，以孝著称。相传著有《大学》《孝经》。据说孔子思想由他传授给孔子之孙子思，子思通过他的门人传给孟子，因此在儒家道统中具有重要位置，元代加封为郕国宗圣公，在孔庙大成殿内配享孔子，位置在颜回之下而列第二。

↓汉武帝像

孔子思想在中国历史上的积极作用

19 世纪以来，中国遭到资本主义列强的入侵，凡战必败，割地赔款，饱受凌辱，深受西方资本主义影响的学者们将中国的落伍归罪于孔子，归罪于孔子思想，认为孔子思想导致了中国的贫穷

↑曲阜孔庙

和落后，鼓吹向西方学习，全盘移植西方的政治、经济、文化等社会制度。此后的100多年里，人云亦云，人们已经习惯了骂祖先，对祖先创造的文明并没有进行认真地、全面地分析和研究，以偏代全，以近代古，否定我们祖先所创造的辉煌业绩，重挫了民族自信心。要正确评价孔子及其思想，就要对中国历史进行纵向的全面的考察，考察孔子思想在中国历史上所发挥的作用。

自从西汉武帝刘彻接受董仲舒的建议“罢黜百家,独尊儒术”以来，孔子思想在大部分的时间里一直是中国社会的指导思想，要正确评价孔子思想在中国历史上的作用，就应该首先找出孔子思想体系下的中国与其他思想体系下的国家的不同，分析孔子思想在这些不同中的作用，就能对孔子及其思想的作用得出正确的结论。

中国与其他国家最大的不同一是大一统国家的不断发展与巩固，二是古老文明的不断发展，三是经济的不断发展与长期的繁荣。

孔子思想促进了多民族国家的巩固和发展

世界历史上曾经出现过古埃及帝国、古巴比伦王国、波斯帝国、马其顿亚历山大帝国、罗马帝国、拜占庭帝国等庞大帝国，这些帝国虽盛极一时，但有的很快就土崩瓦解，有的虽然持续一段时间后才分崩离析，但这些帝国都已经烟飞灰灭，成为过眼的辉煌，并没有延续到现在的大国。世界上惟独中国，虽然历经改朝换代，秦、汉、隋、唐、宋、元、明、清等庞大的统一帝国一脉相承，中间虽然也有分裂和动乱，但很快恢复为一统，多民族、大一统的国家一直延续到现在。分析其原因，我们不难发现，是孔子思想促进了多民族大一统国家的巩固和发展。

孔子大一统的思想是中国多民族、大一统国家的理论基础。孔子主张大一统，他说："天下有道，则礼乐征伐自天子出；天下无道，则礼乐征伐自诸侯出。自诸侯出，盖十世希不失矣；自大夫出，五世希不失矣；陪臣执国命，三世希不失矣。天下有道，则政不在大夫。天下有道，则庶人不议。"（《论语·季氏》）。孔子此话是针对社会现实的有感而发，春秋时期，诸侯混战，社会动乱，带给人民无穷的灾难，

↓真宗祀鲁
1008 年，宋真宗到曲阜亲自祭祀孔子。

孔子主张礼乐征伐自天子出，恢复国家一统的局面，就会减少战争，减少人民的痛苦。此后，孔子的"礼乐征伐自天子出"的主张就成为巩固大一统中央集权国家的理论基础，大一统思想也成为中华民族的传统思想。任何一个新建王朝无不想一统天下，卧榻之侧，岂容他人打鼾，就是这种心态的表露。即使是少数民族建立的地方政权也都以正统自居，以大一统为己任。匈奴人赫连勃勃于 407 年建国，自认为

是大禹的后代，取国名为大夏，建立都城取名统万，“朕方统一天下，君临万邦，可以统万为名”（《晋书·赫连勃勃载记》）。氐族人苻坚统一了北方之后，南征东晋，就是要一统天下，“复禹绩”，建立大一统的帝国。

从西汉开始，孔子思想成为封建社会的正统思想，历代王朝无不推行孔子思想，即使是少数民族建立的政权也无不如此。最为典型的是十六国时期，尊孔崇儒较之此前的汉、晋中原王朝有过之而无不及。后赵国主、羯人石勒虽然不识汉字，但是却“雅好文学，虽在军旅之中，常令儒生读《春秋》《史》《汉》诸传而听之”，建国后还设立太学一所，小学十余所，并亲自到太学、小学考试诸生，按儒学的成绩高低给以奖励。匈奴人、前赵国主刘曜也设置太学、小学，选拔 25 岁以下、13 岁以上资质可教者 1500 人为学生，成绩优异者授以官职。建立前燕的鲜卑族慕容氏统治者大多崇尚儒学，慕容皝雅好文籍，“亲临东庠考试学生，期通经优异者擢充近侍”。南燕鲜卑人慕容德称帝后席未暇暖便“设置学官，简公卿以下子弟及二品士门二百人为太学生”。羌人、后秦国主姚兴尊崇儒学，重用儒者，“天水姜龛、东平淳于岐、冯翊、郭高等皆耆儒硕德，经明修行，各门徒数百，教授长安，诸生自远而至者万数千人”，其治下的长安一时竟成为儒学的重镇。氐人、前秦国主苻坚重用儒生，他曾诏令天下百官每年向朝廷推荐贤良、方正、孝廉、

→大成殿
北魏孝文帝曾于 495 年到曲阜亲自祭祀孔子庙和孔子墓。

清才、多略博学之士，凡精通儒学者一律给以官职。鲜卑人、北魏孝文帝精通儒学，“雅好读书，手不释卷，《五经》之义览之便讲，学不师授，谈其精奥”，所以执政时全盘汉化，改汉姓，穿汉服，讲汉语，禁止 30 岁以下鲜卑人讲鲜卑语，奖励鲜卑人与汉人通婚，加快了民族融合。

其实，统治者越是少数民族越要推崇孔子思想。西夏人庆三年（1146 年）封孔子为文宣帝，自唐玄宗加封孔子为文宣王至明世宗改称孔子

↑十三碑亭

为至圣先师，中国历代王朝给孔子的封号均是“王”，惟独西夏加封孔子为帝，因为自秦始皇取名皇帝后帝高于王。其实，文宣王的“王”是周朝天子的“王”，是与秦至隋的“帝”相同的。据记载，女真兵进入曲阜，曾以孔子的“夷狄之有君，不如诸夏之亡也”（《论语·八佾》）语而火烧孔子庙，但两年后就建太学，重修国子监，14 年后，熙宗亲自拜祭上京孔子庙，赞扬孔子思想“使万世景仰”，拨款重建曲阜孔子庙。到金章宗时，更是大事扩建。现存的曲阜孔子庙十二碑亭分别建于金、元、清三代，都是少数民族入主中原时所建，这不仅仅是巧合，确实也反映了少数民族入主中原更需要孔子思想的衷曲。

→吉林文庙

少数民族入主中原，提倡孔子思想，固然是他们巩固统治的需要，但客观上也加快了民族的融合。少数民族入主中原，从政治上、军事上看，他们是胜利者，但是，文化上落后的游牧民族一进入文化发达的中原地区，面临强大的儒家思想，就注定了他们是失败者。入主中原的少数民族很快就被融合，早期入主中原的匈奴、鲜卑、羯、氐、羌、契丹、党项、女真作为民族已经早已消失，大多被融合为汉族，后期入主中原的蒙古族和满族作为民族虽然还存在，但如果不是在其民族聚集区也很难能看出他们的民族特性。现在，全国共有约 1000 万满族人，但能讲满族语言人已经很少了，能通晓满族语言的只有不到 20 人。当然，这并不是好事，各民族应该保持本民族的特性，保持本民族传统的文字、文化和风俗。但它从一个侧面反映，孔子思想确实具有强大的融合力。对中国历史进行纵向的全面考察，可以说，孔子思想促

←乌鲁木齐文庙

进了民族融合，促进了多民族国家的形成和发展。

血缘是一个民族的根，宗教信仰是一个民族最明显的特性，没有宗教信仰的民族最明显的特性就是思想文化。汉族其实是一个由许多民族不断融合而形成的族群，并非像大多数民族那样有一个共同的始祖，大家所说的中华民族是炎黄子孙，其实这个说法就是说中华民族的祖先来自两个不同的部落，汉族是没有一个共同的祖先的民族，又没有共同的宗教信仰，维系这个族群的纽带就是思想文化，就是以孔子思想为主干的传统思想文化。

↓云南建水文庙

元代 1285 年建。

↑**台南文庙**

南明永历20年（1666年）郑成功赶走荷兰人后所建。

中国早期的民族观并非以血缘为基础，而是以文化为根基。中原古代称为华夏，《左传·定公十年》孔颖达疏引说："夏，大也，中国有礼仪之大，故称夏，有服章之美，谓之华……"华夏就是有着礼义道德和华美服装的族群，夷狄就是四边尚未开化的族群，东方曰夷，西方曰戎，南方曰蛮，北方曰狄，华夏和夷狄划分的标准就是文化水准的高低和文明的是否开化。

古代虽然一再强调明华夷之分，但却又认为华夷可以变化甚至转换。孔子认为华夷可以变化，"子欲居九夷。或曰：'陋，如之何？'子曰：'君子居之，何陋之有？'"（《论语·子罕》），尚未开化的地方，君子到了就能使他开化，夷就可以变为华夏。孔子认为夷狄能够转化为华夏，"言忠信，行笃敬，虽蛮貊之邦，行矣"（《论语·卫灵公》），蛮貊之人也具有与华夏相同的人性，人类的美德在夷狄之地也能行得通，夷狄当然能够教化成为华夏。孔子反对以夷变夏，"裔不谋夏，夷不乱华"（《左传·定公十年》），而是希望以夏变夷，以先进的文化改变落后的文化，但他不主张采用军事征服、文化征服的方式，而是采用礼乐教化使之主动归化，"远人不服，则修文德以来之"（《论语·季氏》）。在孔子思想的影响下，历代中央政府和地方官吏大都能正确对待少数民族，在少数民族地区大兴学校，进行礼乐教化，提高了少数民族的文化水准和生活水平，促进了民族团结，巩固了多民族国家的统一。

曾子说“夫子之道忠恕而已矣”，孔子主张“己欲立而立人，己欲达而达人”，“己所不欲，勿施于人”，孔子思想本身就是一种宽容的思想，而孔子思想博大精深，又处于统治地位，正所谓宰相肚里能撑船，对任何其他的思想、宗教都能持宽容的态度。佛教来自印度，是一种外来的文明，在中国历史上曾经占据重要的地位，甚至出现过举国信奉的盛况，有的学者将其称之为独尊佛教，其实，统治阶级信奉佛教，这只是宗教信仰，佛教并没有成为国家的指导思想。在历史上，中国一直是政教分家，崇奉佛教的王朝，仍然是以孔子思想为治国理念，孔子思想仍然是国家的指导思想。虽然历史上也曾有过儒家学者如韩愈等人大力批佛，排佛，但孔子思想与佛教基本是和平共处的。佛教传入中国后，不断被改造，接受了孔子思想，以适应孔子思想影响下的中国现实，而儒家学者也吸收佛教思想发展儒家思想，最典型的就是宋明理学，它就是吸收了佛家、道家等思想对孔子思想的发展。正因为孔子思想是宽容的思想，对其他思想、宗教持宽容、包容的态度，

↓天安门

所以中华民族就能不断融合其他民族，中国多民族、大一统的国家就能不断发展壮大。

孔子思想促进了民族文化的不断发展

世界古代曾产生了尼罗河的古埃及文明、幼发拉底河和底格里斯河的两河流域文明、印度河流域的古印度文明和中国文明四大文明。四大文明中，古埃及文明、两河流域文明、古印度文明都早已失传，惟独中国文明薪火相传，而且不断发展壮大，推究其原因，我们不得不承认，孔子思想对中华文明的传承与发展作出了重要贡献。

异族入侵是古埃及文明、两河流域文明、古印度文明消失的主要原因。古埃及自公元前525年被波斯侵占后，相继被马其顿人、希腊人、罗马人、阿拉伯人、突厥人、蒙古人、塞加西亚人所统治，1517年又沦为奥斯曼帝国的一个行省，并受到基督教徒的八次十字军入侵，文化受到摧残，在公元4世纪末传统的象形文字就消失了，代之而起的是利用希腊字母和象形文字创造的科特普文字。两河流域自产生文明后

↓**北京国子监文庙**
元代1306年建。

←**元碑** 1307年，元武宗加封孔子为大成至圣文宣王，诏书由汉文与老蒙文八思巴文逐字对刻。

就争夺不已，公元前538年遭到波斯的入侵，公元前331年又被马其顿人亚历山大侵占，两河流域的苏美尔人首先发明了楔形文字，巴比伦王国、亚述帝国时逐步简化，以后转向音节文字，到波斯人时已接近字母文字，只有41个楔形符号，但到公元前331年亚历山大灭亡波斯后，楔形文字就失传了。古印度曾在公元前518年被波斯侵占后成为波斯帝国的一个行省，公元前327年被亚历山大灭亡后又被马其顿人统治了10年，公元1世纪中叶大月氏人建立了贵霜帝国，统治了北印度200多年，711年以后，又陆续遭到阿拉伯人、突厥人、蒙古人的入侵，被信奉伊斯兰教的突厥人、蒙古人统治了600多年（1206年—1857年），传统文化受到致命打击。

中国历史上也曾多次遭到少数民族的入侵，孔子以来就有汉代的匈奴，十六国时的匈奴、鲜卑、羯、氐、羌，唐代的突厥，唐以后的契丹、党项、女真、蒙古、满族，除突厥外，上述各少数民族都曾建立地方或中央政权，蒙古族和满族还曾建立大一统的帝国，而满族的统治竟长达260多年。就宗教信仰来说，一统中国的蒙古族、满族都是佛教的信奉者（清满汉文字碑）。

为什么同样遭到外族入侵，古埃及文明、两河流域文明、古印度文明都在受到摧残后而削弱，惟独中华文明不仅延续下来而且不断发展？最主要的原因就是中华文明是不断发展的文明，是先进的文明。

大家都认为，汉武帝“罢黜百家，独尊儒术”，孔子思想才受到重视，其实在这之前，汉高祖刘邦就已经推崇孔子。刘邦开始是看不起儒家的，他曾将儒生的帽子拿来撒尿，并以马上得天下自诩，但他懂得以马上得天下而不能以马上治之的道理后，就开始尊崇孔子思想，戎马倥偬，在曲阜亲自祭祀孔子，后人推崇孔子思想，吹捧刘邦，说汉家四百年基业全在于此。汉武帝将孔子思想推为独尊，孔子思想成为国家的指导思想，正是在孔子思想的指导下，中华文明不断发展。

孔子本人是具有广博知识的学者，孔子思想本身就是文化的思想，学者的思想。孔子以创办教育起家，目的就是要培养治理国家的人才，弟子子夏深知老师的用意，一语点破说“学而优则仕”。在孔子举贤才这种贤人政治的影响下，汉代采用察举的办法选择官员，到隋唐时就采用科举的方式选拔官员，察举制度、科举制度打破了贵族对仕途的垄断，使平民有了参政的机会，为平民参政开辟了道路，改变了世官世禄的传统，革命性、先进性是不言而喻的。孔子思想被当作社会的指导思想，文化本来就受到重视，而科举制度使中国很早就形成了文官主政的传统。文人主政，当然重视文化，更促进了文化的发展，所以在中国，文化一直在不断地发展，汉赋、乐府、唐诗、宋词、元曲、明清小说，不同的朝代产生了不同的文学体裁，并达到那个时代的高峰，即使在最不重视文化的元朝，文化也有很大的发展。当欧洲处在黑暗的中世纪时，中国的文化、艺术却是非常繁荣。毫无疑问，科举制度是很先进的、科学的选举官员的办法，16世纪介绍到欧洲时就被认为是世界上最好的文官选拔制度，当然，到了封建社会晚期，科举制度的弊端也日益显现。客观公正地说，科举制度造成文人主政，对中国社会的发展是起过重

↓清碑用汉文和满文对刻。

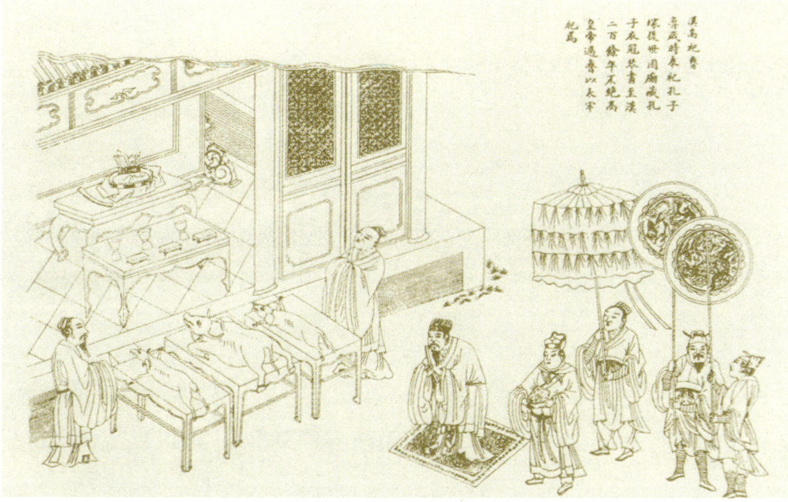

←**汉高祀鲁**　公元前195年，汉高祖刘邦路过曲阜，亲自祭祀孔子。其后有东汉光武帝、明帝、章帝、安帝、北魏孝文帝、唐高宗、玄宗、北周太祖、宋真宗、清康熙、乾隆11个皇帝亲自到曲阜祭祀孔子。

大的推动作用的，但是，由于100多年来否定传统思潮的影响，一提科举制度就是范进中举，给人的感觉科举制度就是束缚人才，培养庸才。看待问题不能一分为二，缺少辩证法，看待历史问题老是骂祖先，这是100多年来的最大弊端，也是我们民族最大的悲哀。

中国历史上文人主政，文化高度发达而且不断发展，以致有些西方学者认为中国更像是一个文明实体。80多年前，英国著名学者罗素就说："中国与其说是一个政治实体，还不如说是一个文明实体——惟一幸存至今的文明。孔子以来，埃及、巴比伦、波斯、马其顿、包括罗马帝国都消亡了，但是中国以持续的进化生存下来了。最先是佛教，现在是西方的科学。但是佛教没有把中国人变成印度人，西方科学也不会将中国人变成欧洲人。"应该说，罗素的观点抓住了中国历史的特

↓**进士题名碑**
在北京国子监文庙，刻有元、明、清三代的进士名字。

点，也指出了中国发展的道路，佛教没有将中国人变成印度人，西方科学也不会把中国人变成欧洲人。

孔子思想促进了民族经济的不断发展

如果我们对中国的经济进行纵向的全面的考察，就不难发现，中国经济在孔子以来的大部分时间里一直走在世界的前列，西方经济学家一般认为在18世纪以前中国一直是世界上经济最为发达的国家，中国的国民生产总值（GDP）也在西欧之上。弗兰克《白银资本》说，在1500年至1800年的300年间，中国成了全世界白银的“秘窖”，全世界总量12万吨的白银中的大约一半也就是6万吨流入中国。西方殖民者将在拉丁美洲掠夺来的白银输送到中国换取丝绸和瓷器等高级奢侈品，一位西班牙海军军官说，“中国皇帝能够用来自秘鲁的银条来建筑一座宫殿”。6万吨白银相当于16亿两，18世纪的清乾隆年间中国人口约为2亿，每人平均约8两，接近300克（明清时一斤为16两，597克）。中国是一个缺少白银矿藏的国家，但在明代中期就建立起以白银为本位的货币制度，依靠的就是主要来自域外的大量白银。正因为有来自国外的大量白银，我们才能相信《红楼梦》中王熙凤回忆娘家接待南巡的皇帝时说“把银子花的像淌海水似的”，王熙凤“银子上千钱上万，一日都从他一个手一个心一个口里调度”。没有来自国外的

↓北京明清皇宫 世界最大的宫殿就是国力强盛的标志。

←明代蟒服

丝绸、瓷器、茶叶是中国历史上的三大外贸商品。

←明代丝绸

←明清瓷器

→明清瓷器

→架火战车（模型）宋代就将火药用于战争。

→汉代纸地图 西汉早期的麻纸，已发现的世界上最早纸地图。

大量白银，我们真难相信从和珅家抄出白银 5000 多万两和洋钱 58000 元，两项折合白银约 2000 吨，这还不算大量的银质餐具和 7 吨的赤金，抄出的和珅家产估计约值白银 8 万万两，相当于白银 3 万吨。这足以说明，我们中国人不是已经穷了几千年，而是历史上非常阔过。

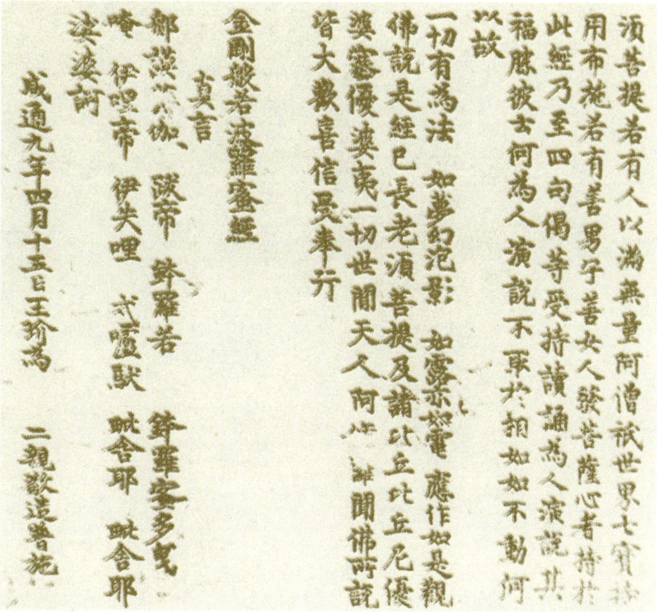
須菩提若有人以滿無量阿僧祇世界七寶持
用布施若有善男子善女人發菩薩心者持於
此經乃至四句偈等受持讀誦為人演說其
福勝彼云何為人演說不取於相如如不動何
以故
一切有為法 如夢幻泡影 如露亦如電 應作如是觀
佛說是經已長老須菩提及諸比丘比丘尼優
婆塞優婆夷一切世間天人阿修羅聞佛所說
皆大歡喜信受奉行
金剛般若波羅蜜經
真言
那謨薄伽跋帝 鉢羅若 鉢羅蜜多曳
唵 伊利帝 伊失哩 戍嚕馱 毗舍耶 毗舍耶
莎婆訶
咸通九年四月十五日王玠為 二親敬造普施

↑唐代刻经

唐咸通九年（公元 868 年）刻印，世界上最早的印刷品之一。

英国经济学家麦迪逊的观点较为保守，他认为在 11 世纪日本以外的亚洲人均国民生产总值为 450 美元，约是西欧的 112.5%，而中国当时经济水平远远高于其他亚洲国家，人均国民生产总值高于亚洲平均水平，2000 年的《参考消息》刊载的一篇文章说，进入第二个千年时，也就是北宋初年，中国的人均国民生产总值是欧洲的 1.2 倍。麦迪逊认为，11 世纪以后，欧洲与中国的差距逐渐缩小，意大利最先取得领先地位，再后是荷兰和英国，到 1820 年，中国的人均国民生产总值仅占西欧的 48.7%，即使如此，中国的国民生产总值仍约占世界的三分之一，中国仍是世界上经济总量最大的国家，直到 19 世纪 80 年代才被美国所超过。

中国不仅是经济大国，而且还是科技大国。在西方文艺复兴前的上千年中，世界共有 300 项重大科学成果，其中中国的发明约有 175 项，约占所有发明的 58%，火药、造纸、指南针、印刷术、铸铁、手推车等这些促进人类文明进步的发明都是中国人创造的，使用和推广都早于西方几个世纪。

中国的落伍是在西方工业革命以后，也就是从 19 世纪开始的。美国学者肯尼迪在《大国的兴衰》一书中说，在 18 世纪，中国的工业

↑造纸流程图

产量仍占世界的32%，而全欧洲才占23%，但到甲午战争时，中国工业总值已经下降到世界工业总值的6%，而欧洲已经上升到62%，此消彼长，中国已经远远落后了。

当然，将中国经济的发展全部归功于孔子思想也是不合适的，但是我们应该能够这样认为，历史上将孔子思想作为国家的指导思想并没有影响中国成为世界上最为发达的国家，相反，抛弃孔子思想以后，中国的经济不仅没有快速发展，反而每况愈下，到肆无忌惮地批判孔子的时期，中国经济已濒临崩溃的边缘，中国的人均国民生产总值下降到仅占欧洲的7.3%。“文化大革命”结束以后，不再批判孔子，解放思想，改革开放，中国经济稳步发展，到1998年，中国的人均国民生产总值回升到占欧洲的17.4%。而现在，据美国中央情报局公开网站资料显示，按实际购买力计算，2003年，中国的国民生产总值已达到6.5万亿美元，人均5000美元，中国已经成为世界第二个经济大国。据麦迪逊预测，到2015年，中国将成为世界第一经济大国。

以上足以说明，孔子思想促进了中国的发展，我们要正确对待先人留下的遗产，不要再骂我们的先人，将先人作为我们无能的替罪羊。我们也不要再“抛却自家无尽藏，沿门托钵效贫儿”，古人能在传统思想指导下发展经济，我们也应能从民族的优秀遗产中汲取营养，发展经济，重铸大国的辉煌。

孔子思想在国外的影响

↑**国际儒学讨论会**
每年国内外都有举办的关于孔子思想的学术讨论会，最大规模的有30多个国家和地区的学者参加。

从汉代开始，孔子思想开始输出海外，对中国的近邻朝鲜、越南、日本产生了重大的丝毫不次于在中国的影响；十六世纪以来，孔子思想又先后向欧洲、美洲、大洋洲、非洲等地传播，推动了西方资产阶级革命，促进了各种文化的交流，加强了各国人民的了解与友谊。

孔子思想的对外传播出现过两次高潮，第一次从公元前后开始，传播的范围主要是东亚，也就是中国周边的邻国朝鲜、越南和日本，第二次是从十六世纪开始，传播的范围主要是欧美和东南亚，有意大利、法国、德国、英国、俄罗斯、美国等欧美国家和印度尼西亚、新加坡、马来西亚、菲律宾等南洋诸国。

孔子思想在朝鲜半岛的传播与影响

朝鲜半岛与中国山水相连，是中国以外孔子思想传入时间最早、传播最广、影响最深的地区。

孔子思想传入朝鲜半岛的确切时间史无记载，目前有周初箕子、战国移民、秦末移民、汉初卫满、汉设四郡等多种说法，但大多数学者比较认同汉设四郡说。西汉元封三年（前 108 年），汉朝灭亡了由中国燕人卫满创建的卫氏朝鲜，在现在的朝鲜半岛北半部设置了乐浪、临屯、玄菟、真番四郡，派遣汉族官吏前往治理。西汉自建元元年（前 140 年）开始以孔子思想作为国家的指导思想，国学设立五经博士，设置博士弟子员，国家还不时策试贤良方正，选拔孝廉，大批儒生进入官吏队伍。派往朝鲜半岛的官员中必定会有通晓孔子思想的人才，他们也必定遵循中央政府的方针以孔子思想作为治理理念，孔子思想因此被引入朝鲜半

↑**汉城成均馆祭祀**

成均馆是朝鲜王朝时期的最高学府，现在每年农历的二、八月仍然举行祭孔大典。

岛。由于汉朝官吏的努力，“早在公元一世纪初，就有一些朝鲜人背诵《诗经》《书经》和《春秋》等”（《朝鲜简史》）儒家经书，孔子思想开始普及。

孔子思想传入朝鲜半岛时，朝鲜已经进入封建社会。孔子思想主张忠君尊王，有利于安定社会，当然受到统治者的欢迎，朝鲜三国——高句丽、百济、新罗都大力提倡。

高句丽（前 37 年—668 年）兴起于中国东北，以后南下，范围逐步扩展到半岛中部。得地利之便，高句丽最先接受了孔子思想。小兽林王

→广开土大王 四世纪末的高句丽国王。

→广开土大王碑 记载广开土大王的事迹，碑在辽宁的集安。

二年（372 年）仿照中国设立国家最高学府太学，以《春秋》《礼记》《书经》《诗经》等儒家经典和《史记》《汉书》《后汉书》等中国史籍教育贵族子弟，同时还广设扃堂教育平民子弟。为加快儒学传播，提高儒学水平，高句丽还派遣贵族子弟到唐朝留学。

百济（前 18 年—664 年）位于半岛西南角，与中国隔海相望，交往便利，接受孔子思想也很早。近肖古王二十九年（374 年）设立儒学博士，以名儒高兴担任，枕流王即位（384 年）后又设立太学。从公元四世纪开始，中国进入了长达三百多年的南北分裂时期，百济加强了与南朝的联系，请求派遣学者前往传授儒学，534 年、541 年梁朝曾应请两次派遣毛诗博士前往。由于有中国的支持，百济的儒学水准提高很快，到 405 年，就开始对外输出，博士王仁携带《论语》进入日本，将孔子思想首先传入日本，以后百济还不断派遣博士前往日本讲授儒家经书。在六世纪，中国向百济派遣儒学博士，百济向日本派遣儒学博士，孔子思想从中国接力式地向朝鲜半岛和日本输出，这是一个非常有趣的现象。

↑王仁遗迹
在韩国全罗南道罗岩。

新罗（前 57 年—917 年）位于半岛东南角，与中国交往不便，孔子思想的传入比较晚，被高句丽臣服后，通过高句丽接受孔子思想。真德女王五年（651 年）始设置国学官员大舍二人，设立国学比高句丽、百济晚了二百多年。新罗国学设置虽然很晚，但孔子思想在民间的影响却很大，最有代表性的是花郎徒。花郎徒原是新罗部落内传统的青少年组织形式，他们自称是弥勒化身，与僧侣一起生活修炼，以从中国传入的儒教、道教和新罗固有的仙教进行思想教化，以武术进行强身健体，以歌舞教养情操。花郎徒以圆光法师（531 年—630 年）创立的世俗五戒为行动准则，“一曰事君以忠，二曰事亲以孝，三曰交友以信，四曰临阵无退，五曰杀生有择”，信条已经从佛门转向儒家伦理。韩国现代史学家认为，“体认生命有轻于鸿毛，有重于泰山，不屈不挠为正义真理而奋斗，以高昂的国家民族意识迈向战场，奋勇杀敌，此乃花郎徒的精神”，“花郎徒精神并不止于青少年，成年以后仍继续维持，成为巩固国民精神与伦理的基础，这是新罗统一三国的原动力”（李元淳等《韩国史》）。

675 年，新罗统一了朝鲜半岛，为了巩固统一，更加提倡孔子思想。

←庆州乡校
原是新罗的国学，新罗灭亡后成为乡校。

↑**壬申誓记刻石**　文中记载二人发誓学习《诗》《尚书》《礼记》等儒经。

↑**崔致远**（857 年－？）　入唐留学生，新罗著名学者，推崇儒学。1020 年从祀高丽文庙。

孔子思想的大一统、等级名分、伦理纲常等观念非常有利于加强封建统治，所以新罗王朝虽然仍然推崇佛教，但在政治上却以孔子思想为治国理念，仿照唐朝设立官僚体系，兴学重教，实行科举制度，建庙祭祀孔子，派遣留学生到唐朝留学，孔子思想的影响日渐扩大。

景德王六年（747 年），设置国学的各业博士、助教，教授儒家经典。国学学生为十六岁至三十岁大舍（相当于司长）以下尚无官位的贵族及其子弟，以《论语》《孝经》为必修课，以主修《周易》和《礼记》《左传》，《毛诗》《尚书》和《文选》，将教学科目分为三科。国学修业年限为九年，学习期满，考试合格即可出仕为官。元圣王四年（788 年），又仿照唐朝实行以儒学为取士标准的科举制度——读书三品出身法。将能解读《左传》《礼记》《文选》，兼谙《论语》《孝经》者列为上品；能解读《曲礼》《论语》《孝经》者列为中品；能解读《曲礼》《孝经》者列为下品；对博通五经、三史、诸子百家者破格擢用。“读书三品出身法”的实行将儒学与仕途结合起来，提高了儒学的地位，也刺激了儒学的传播。

朝鲜半岛原来没有文字，采用汉字作为通用文字，汉字与朝鲜语音不合，使用起来很不方便，新罗人就用汉字字音记录朝鲜语言，到七世纪末，薛聪将汉字和朝鲜语言紧密结合，用新罗语解读儒经，这种方法称为吏读法，方便了人们学习，加快了儒学的传播。

“衣冠知奉礼，忠信识尊儒”，唐玄宗写给新罗国王诗中的这一联形象地说明此时的新罗已经受到孔子思想的很深影响。

↑**薛聪像**
发明以吏读法翻译儒经，1022 年从祀高丽文庙。

取代新罗统一半岛的高丽王朝（918 年—1392 年）崇信佛教，被后世称为佛教王朝。佛教虽然被当作安身立命之教，但主张修来世的佛教用来麻痹人民还有作用，对于治理乱后的社会却功效不大，统治者深知“王者化成天下，学校为先，祖述尧舜之风，聿修周孔之道”，因此大力提倡孔子思想，以孔子思想作为治国理念，仿

←**水原乡校**
1285 年建。

照中国实行三省六部制，推行儒家思想教育，大兴学校，推行科举制度。

高丽王朝儒学教育非常发达，京师开城有国子监、大学、四门学，地方有州学，民间有私学。私学由学者创办，崔冲、郑倍杰、卢旦、金尚宾等十二位著名学者都创建了私学，一时弟子云从，被称为十二徒。尤以崔冲最为著名，他是国家元老，曾任侍中，在经过与契丹的近三十年战争之后，“干戈才息，未遑文教”，崔冲收徒设教，弟子众多，分为九斋，影响最大，崔冲也被称为“海东孔子”。此时的私学也以九经和三史为教育内容，与官学相比并没有多少差别。

↑**崔冲**
从祀文庙。

光宗九年（958年），高丽采用旅居中国人、时任翰林学士的双冀的建议开始科举选士。

高丽王朝444年间共举行科举考试251次，录取进士共约6663名。高丽王朝重文轻武，亡国前两年才议设武科。文科分为制述科、明经科、杂科三科，其中尤重相当于唐朝进士科的制述科，共约录取进士6167名，其次为明经科，约录取进士415名，杂科最轻，只录取了81名。制述科、明经科均考儒经，就连杂科也要考试儒经，杂科中还专有三《礼》《春秋》三传的专科。

高丽王朝仰慕中国文明，先后向后晋、北宋、元朝派遣留学生。高丽时有一个非常有趣的现象，有中国人在高丽考中进士，也有高丽人在中国考中进士。北宋初年，中国禁止图书出境，但对高丽开禁，宋太宗、宋真宗、元世宗、明太祖均曾赐给高丽儒家经书。高丽初期抄书，后用木板刻印，中国活字印刷术传入后，高丽发明铜活字印刷儒家典籍，儒

↑**全州乡校** 约建于 1380 年。

学传播更加快捷。

宋宣和六年（1124 年），北宋使者徐竞出使高丽，归来所作《宣和奉使高丽图经》说：“上而朝列官吏闲威仪而足词采，下而闾阎陋巷间经馆书舍三两相望，其民子弟未婚者则群居而从师受教，既少长而择友各以其类讲习于寺观，下逮卒伍童子亦从乡先生学。”由此可见，此时的高丽举国上下都在学习孔子思想。

高丽前期，奉行的儒家思想仍然是汉唐经学，十三世纪末，入元随

←**江华乡校** 1127 年建。

↑**安珦**（1243年—1306年），被尊为东方道学之祖，从祀文庙。

侍高丽世子的安珦将新刊的《四书集注》《朱子全书》带回国内，开始传播朱子理学。他提倡忠、孝、信、诚、敬等儒家伦理，尽力排斥佛教，将意识形态上的崇佛引导到崇儒上来。朱子学在高丽传播得很快，入元的官僚学者白颐正、李齐贤，考中元朝进士的李穑以及郑梦周等都大力提倡宣讲，朱子学很快就取代了汉唐经学的地位。

高丽末年，外有蒙古干涉，海盗侵掠，内有朝臣派别之争，土地兼并严重，民族矛盾、阶级矛盾异常尖锐。1392年，推翻高丽建立的朝鲜王朝为了巩固统治，重建封建统治秩序，大力提倡儒家思想，儒家思想成为国家的指导思想，儒教成为国教，朝鲜王朝因此被称为儒教王朝。

朝鲜王朝以儒教立国，儒学教育非常普及。京师汉城设有最高学府成均馆，以进士和生员为学生，定员200名，下设五部学堂，每学定员100名；府、郡、县设立官办学校乡校，全国共设各级乡校361所，定员共15000名。国家规定，良民身份以上的16岁俊秀子弟都可入乡校学习。官办学校以外，各地都有私立的书堂、书斋，接受七、八岁的平民子弟就读，书堂、书斋的优秀学生16岁也可进入乡校学习。校生经过考试取得进士或生员称号就可到成均馆进修，再经过文科考试就可入仕为官。到16世纪中期，官办教育衰退，书院教育趁机而起，发展到19世纪，书院竟达近千所。早期书院还得到国王的支持，给予免税免役的优待，并向书院赐额甚至亲笔题额。学校教育内容主要为儒家经典，《学令》规定，诸生“常读四书五经及诸史等书，不携庄老、佛经、杂流、百家子集等书，违者罚”，只准读儒家经典和正史。在朝鲜，即使同是理学但批判朱子学的王阳明心学也被视为洪水猛兽遭到排斥和批判。

←乡校示意图

朝鲜王朝坚持科举取士，文科考试三年一次，称为式年试，每次一般录取 33 人，此外还有别试，有增广试、谒圣试、春塘台试、外方别试、黄柑试等名目。500 年间，式年试共举行 163 次，录取 6063 人，别试共举行 581 次，录取 8557 人，两种考试共举行 744 次，录取 14620 人，

↑汉城成均馆

由此可见朝鲜科举之盛。为鼓励士子努力学习，殿试合格即可入仕为官，并赐以殊荣，“殿庭唱榜，御前赐酒，赐花与盖，优人呈戏，鼓吹前导，三日游街以荣之”，还恩及及第者父母，“其亲存者，则令所在官给酒乐以荣之，名曰荣亲宴，殁者设祭，谓之荣坟。中第一名者赐米”（《朝鲜志·风俗》）。

除利用教育普及儒家思想外，朝鲜还特别重视礼俗教育和伦理教化。早在理学传入的初期，被称为东方理学之祖、官居宰相的郑梦周就令百

↓陶山书院　朝鲜理学大师李滉著书处，在韩国安东市。

姓按照《朱子家礼》的规定建立家庙，设立神主，祭祀先祖，到朝鲜时期，“处处祈佛、家家祀神”的民俗已变为“处处祀孔，家家祀祖”的儒家礼俗。朝鲜王朝大力提倡忠孝节义等儒家伦理，褒奖忠臣孝子、节妇义夫，除使用中国通俗教材外，还自编了《孝行录》《五礼仪》等通俗读物，翻译了《女四书》《礼记大文谚读》。为教育文化水平低的百姓，还编印了图文并茂的《三纲行实图》，其中收录了百余名忠臣、孝子、列女的事迹，作为百姓学习的楷模。

↑郑梦周（1337年—1392年），号圃隐，从祀文庙。

朝鲜半岛从新罗圣德王十六年（717年）开始在京师祭祀孔子，高丽仁宗五年（1127年）将祭祀孔子推向地方，命各州设立学校，建设文庙，祭祀孔子，追随中国尊称孔子为文宣王、玄圣文宣王、至圣文宣王、大成至圣文宣王。朝鲜王朝大建孔子庙，县以上的城市都有乡校，乡校设文庙祭祀孔子，也像中国一样，每年二月、八月的第一个丁日举行释奠大祭，

←旌表孝子亭

→成均馆文庙大成殿

每月初一、十五举行释菜、行香小祭。文庙主祭孔子，在清朝以前追随中国增加从祀的先圣、先贤、先儒。不同的是，朝鲜还以本国的儒学学者从祀，从高丽宣宗十一年（1020 年）以崔致远从祀后，又陆续增加了薛聪、安珦、郑梦周、李滉、李珥等 17 人，他们被通称为东国十八贤。现在，韩国各地的乡校文庙仍然都举行祭祀活动，大都仍然按照古例举行由地方行政长官主祭的春秋释奠大祭，只是大多文庙减少了从祀的中国先贤先儒，

→成均馆文庙两庑

←**李滉**（1501 年—1570 年），号退溪，朝鲜王朝时期理学的集大成者，从祀文庙。

一般文庙只祭祀孔子，以颜回、曾参、子思、孟子四配配享，闵损等十哲和周敦颐、程颐、程颢、邵雍、朱熹、张载宋六贤配祀，朝鲜的东国十八贤从祀。

孔子思想传入朝鲜半岛初期，朝鲜人只是被动地接受，对汉唐经学很少阐释。理学传入后不同，很快就出现了一大批理学家，如前期的李穑、郑梦周、郑道传、权近，发展期的金时习、徐敬德、赵光祖、李彦迪，鼎盛期的李滉、李珥，衰落期的金长生、宋时烈、奇正镇、李震相，他们对理学均有所阐释和发展，并形成了许多学派。理学产生在中国封建社会的衰落期，而输入朝鲜是在封建社会的发展期，朝鲜理学学者代表了中小地主的利益，反对保守，主张革新，对社会的发展起了推动作用。

由于儒家思想的影响，朝鲜王朝对中国采取事大主义，他们仰慕中华文明，醉心中华文化，甚至在很长的历史时期内认为中国就是世界的中心，因此上自朝廷法度，下至民间习俗全部效法中国，廷议言必称孔

孟，街谈巷议也以四书五经为依据，儒学不仅作为治国理念，而且还扩大为社会规范。《朝鲜志·风俗》所说的“崇尚信义，笃好儒术，礼让成俗，柔谨成风”的民族性格和社会风尚就是儒家思想影响的必然结果。朝鲜人对此深为自豪，他们也以“小中华”“海东中华”自居。

17世纪以后，朝鲜封建社会步入后期，作为封建社会指导思想的朱子学由前期的社会改革的推动力量转化为反对力量，朱子学者也由社会的改革者蜕变为既得利益的维护者，在学术上他们不顾社会的实际问题，故弄玄虚，清谈空论，甚至将学术论争蜕化为争权夺利的党争。为了巩固朱子学的正统地位，在学术上采取高压政策，对敢于对朱子学有“一字致疑”者就加上“斯文乱贼”的罪名进行残酷斗争和无情打击。19世纪下半期，日本和西方列强入侵，朝鲜面临亡国的危险，正统朱子学者图谋以“卫正斥邪”为口号对从中国传入的实学思想、阳明学和从西方传入的天主教以及西方文化进行排斥，但正统朱子学已无力回天，朝鲜最后成为了日本的殖民地。但是，朝鲜人民并没有屈服，深受儒家思想影响的儒林在卫正斥邪的口号下与日本殖民势力进行了坚决的斗争，甚至拿起武器组织义兵进行武装斗争，展现了英勇不屈的民族精神。

日本投降后，韩国学术界痛定思痛，对历史进行反思，认为事大主义、党争、锁国、族阀、阶级斗争等是国家灭亡的主要原因，曾一度对儒家

↓丁若镛故居 丁若镛（1762年—1836年），号茶山，朝鲜实学的集大成者。

↑**大邱乡校**
1990 年前后进行重修和重建。

思想进行批判。但在接受西方文化，采用西方政治制度后，随着经济的发展，个人主义、享乐思想成为社会的普遍价值观，舞弊腐败现象蔓延，造成道德堕落和民族主体意识涣散。经过反思，逐渐认识到传统思想的价值，废弃了侧重儒家政治思想的传统，转而采用儒家思想扶持伦理，学术界也致力于从哲学、伦理学和历史学、社会学角度研究儒家思想及其在历史上所发挥的作用。

现在，韩国儒家思想的研究异常活跃，成立了许多学术组织和机构，出版了许多学术成果，几乎每所大学都开设了中文系，成均馆大学还开

←**儒林会馆**
韩国儒道会的总本部。

↑金日成在曲阜
1991 年 10 月，金日成专程到曲阜参观。

设了儒学大学和儒学研究生院。儒家思想的普及也非常普遍，1945 年成立的儒道会是一个全国性的组织，它以儒道精神为理念，以阐明道义、扶持伦理、弘扬修齐治平之道、淳化社会秩序为目的，下设青年儒道会、女性儒道会、儒学学生会，在首都设立总本部，在直辖市和道设立本部，在市、郡设立支部，在邑、面设立支会，在里、洞设立分会，四级行政区内都有儒道会组织，全国共设各级组织 600 多个，拥有信众 1000 万人，约占全国人口的四分之一。

孔子思想推动了朝鲜半岛文化、经济和社会的全面发展，所起的进步作用是有目共睹的。1893 年科举制度的废除，宣告了儒家思想作为统治思想的结束，但儒家思想并没有退出朝鲜半岛的历史舞台，相反，儒家思想从统治思想的宝座上跌落下来，失去了神圣的光环，反而更容易深入民间。而随着教育的发展，文化水准的提高，越来越多的人了解了孔子，了解了孔子思想，孔子思想越来越普及，越来越深入人心。

孔子思想在日本的传播与影响

日本虽然与中国隔海相望，但在汉代就与中国开始了交往，后来透过朝鲜半岛吸收中国文明，从隋代开始，通过派遣大量的遣隋船、遣唐船直接接受中国文明，孔子思想传入日本后很快成为日本社会的指导思想，宋以后，随着航海水平的不断提高，海上交通逐渐不再困难，中日之间的交往日益频繁，新兴的理学很快传入日本，经过 400 多年漫长的传播过程，终于在江户时期成为日本的统治思想。

←东京汤岛圣堂的孔子像

虽然同是中国的近邻，但孔子思想在日本的传播却与朝鲜、越南大不相同。孔子思想在日本的传播不是一直不断地发展，而是经历了两起两落的历程。

←徐福墓

在和歌山新宫市。日本徐福的纪念遗址很多。

孔子思想传入日本一向有秦代徐福东渡说和百济学者王仁南渡说两种说法。徐福东渡说证据不足，目前难以让人相信，但百

↑王仁墓 在大阪。

济学者王仁南渡说也是难以让人相信。百济学者王仁南渡说见于成书于720年的《日本书纪》，应神天皇“十六年春二月，王仁来之，则太子菟道稚郎子师之，习诸典籍于王仁，莫不通达。故所谓王仁者，是书首等之始祖也”，只说太子向王仁学习经典，并未说王仁献书事。成书于712年的日本《古事记》倒是记载了献书，但献书者不是王仁而是和弥吉师，“又科赐百济国：‘若有贤人者贡上。’故受命以贡上人名和弥吉师，即《论语》十卷，《千字文》一卷，并十一卷，付是人贡上”，献上《论语》的是和弥吉师。关于献书的时间，《古事记》无纪年，《日本书纪》作应神十六年，日本学者推算为285年。《古事记》《日本书纪》成书时间晚，记载天皇在位七八十年甚至百年以上，就是日本学者也不敢当作信史看待。有的学者根据《日本书纪》所记“是年，百济阿花王薨”推测为405年。这个说法是比较可信的，因为据朝鲜《三国史记》记载，近肖古王30年（375年）百济始设博士，设立博士30年始有可能培养出像王仁这样能够传播儒学的人才。实际上，早在东汉、曹魏、西晋时期，日本和中国前后有10次使者往返，日本不可

↓汉委奴国工印
汉光武帝赐给日本卑弥呼女王的金印，1784年在福冈出土。

能不了解中国社会的指导思想孔子思想，《日本书纪》记载，神功皇后亲征新罗，“遂入于其国，封重宝府库，收图籍文书”，五年后还带回许多俘获的中国人，这也有可能带回中国的儒家典籍。毫无疑问，在王仁到达日本以前，日本应该有了儒家经典，否则，日本太子是不会知道经典的可贵的，也不会屈尊去拜他国的养马小臣为师去学习的。

不论孔子思想以何种方式在何时传入日本，进入日本后立即受到欢迎是确信无疑的。那时的日本尚未统一，也没有形成一整套国家机构。孔子思想主张大一统，可以调整社会关系，对于促进日本的统一，加强国家统治是大有裨益的。孔子思想传入日本不久，宫中就办起了学问所，以《论语》教育王子和大臣。据中国史籍记载，从 413 年到 502 年之间，日本五代国王曾经 13 次遣使到中国，并接受中国皇帝给与的倭国王的册封，联系虽然密切，但孔子思想的输入主要还是来自百济。虽然中国没有直接向日本输出儒学，但是百济的儒学水平毕竟不高，百济在向日本输出儒学的同时向中国寻求帮助，遣使请求中国派遣儒学博士，541 年就曾

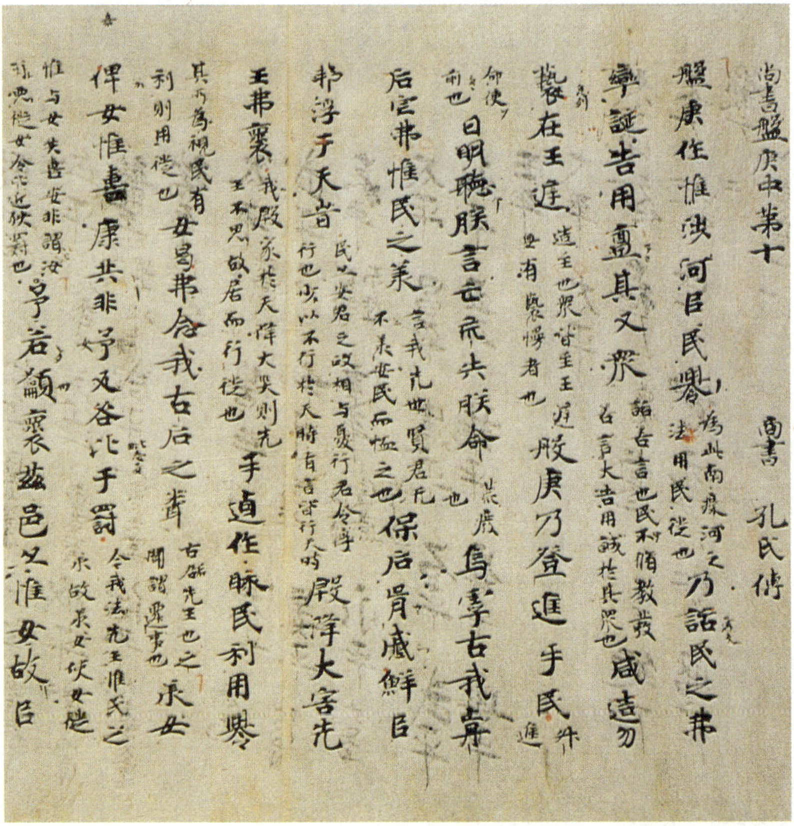

←古文《尚书》抄本

应请派去毛诗博士，以后又派去礼学博士。在向日本输出儒学上，是中国、百济接力向日本输出。

日本直接从中国输入孔子思想是从遣隋使开始的。600 年，第一批日本使者经由朝鲜到达中国，从 607 年至 894 年，日本共派出 22 个使团出使中国，其中 16 个到达中国。日本使团规模一般都很大，除使者外，还携带大批的留学生、学问僧，最多时一次竟达 594 人。早期的留学生、学问僧许多是中国人的后裔，后期主要是日本人，他们在中国长期研究中国的思想、政治、经济、文化和中国的政治制度、礼乐制度以及民风民俗，先进的孔子思想和中国各方面都使他们受益匪浅。回国后许多人受到重用，留唐 33 年的日籍汉人后裔高向玄理、留唐 25 年的新汉人僧旻回国后被任命为朝廷的博士（顾问），留唐 32 年的日籍汉人后裔南渊清安虽然没有出仕为官，但他著述百卷，成为著名的学者，中大兄皇子、中臣镰足均拜他为师，正是这两个人进行了日本著名的大化革新。留学生和学问僧回国时还带回大批的中国典籍，据《日本国见在书目》记载，日本当时已有《尚书》《易经》《孝经》等中国典籍 1579 部 16790 卷。

↓**圣德太子**（573 年—622 年），20 岁摄政，将孔子思想确定为治国理念。

就是在这种形势下，孔子思想在日本进入了第一个兴盛期。这个时期的典型特点是孔子思想主要影响皇族与贵族等上层政治家，主要作为治国理念发挥作用，由于依靠政治力量和行政手段来推行，所以传播很快而且影响很大。

604 年，执政的圣德太子进行改革，制定了《宪法十七条》，除第二条“笃敬三宝”为推崇佛教外，其余 16 条全部反映了儒家理念，“以和为贵”“以礼为先”“信是义本”等等。特别重要的是，日本统治者接受了中国儒家的天命观和王土王民、仁政、德治等政治思想作为治国理念。天皇祭祀时也自称天子，君权不再只是来自天皇的祖先天照大神，也来自儒家的至高无上的“天”。《宪法十七条》强调“国非二君，民无二主，率土兆民，以王为主”，“君则天之，臣则地之”，“君言臣承”，官吏要“忠于君”，用儒家理念来加强天皇的权力；提出“不得圣贤，何以治国”，官员要“仁于民”“使民以时”“勿敛百姓”“惩恶劝善”“背私向公”，提倡仁政德治。在《宪法十七条》中，许多言词直接选自儒家经典，如“和为贵”“使民以时”“王事靡盬”“上和下睦”“惩恶劝善”等，由此可见孔子思想影响之深。不仅如此，圣德太子还改革官制，将官阶分为12等，分别以大、小德、仁、礼、信、义、智命名，官阶名称全部采自儒家伦理德目。

圣德太子的改革没有彻底解决社会危机，7世纪前半期，土地兼并盛行，贵族将山海林野池田占为己有，然后出租给百姓，部落制衰落，贵族争斗，部民反抗，国内矛盾日益激化。645年，中大兄皇子、中臣镰足在留唐归国的南渊清安、高向玄理、僧旻的支持下消灭了掌权的大贵族后进行大化改新，建立中央集权制，土地收归国有，701年，日本制定并颁行《大宝律令》，日本成为律令制国家，逐步过渡到封建社会。

奈良时期（710年—794年）及平安前期（794年—894年）是孔子思想在日本的第一个全盛期。孔子思想被作为治国理念，仿照唐朝实行中

←三圣像 始建于奈良时期的太宰府府学所供奉的孔子、颜回、闵损三人的铜像，现存太宰府天满宫。

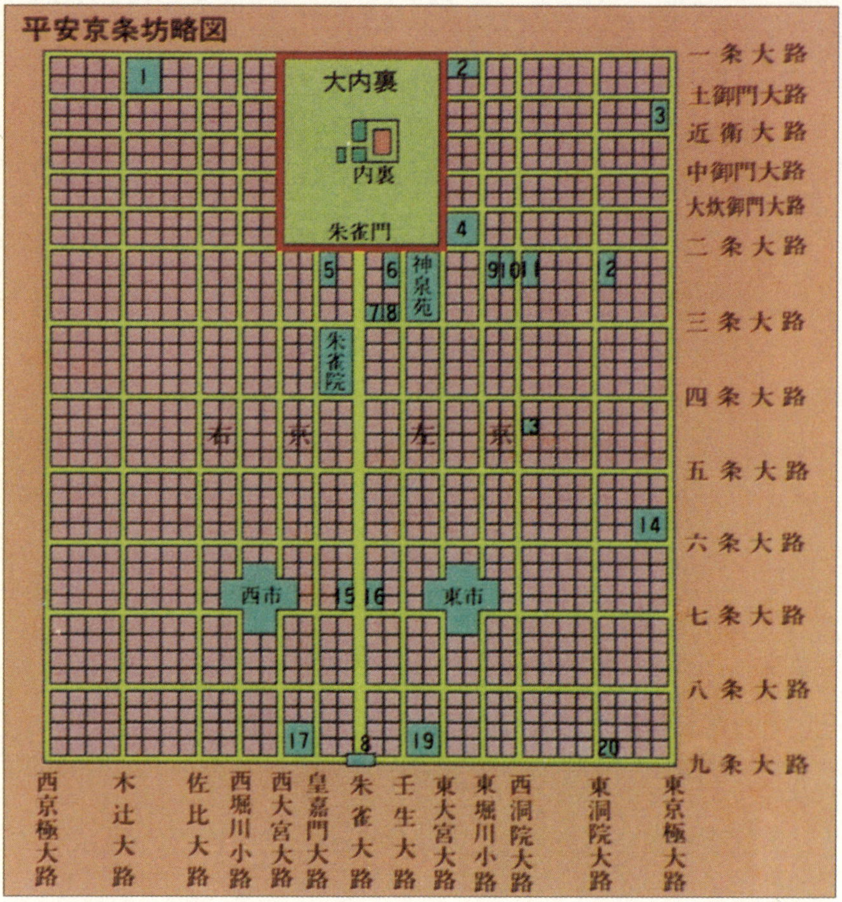

→平城京大学位置图

央集权制度，实行班田收授法和租庸调制。在社会教化上，国家大力提倡三纲五常和忠孝等儒家伦理观念，尤其重视提倡孝道，对孝子贤孙给予免除同籍课役或终身田租的奖励，并表其门闾。日本本来没有孝的概念，孝是从中国传入的伦理观念，所以孝字在日语中只有音读而没有训读。在教育方面，实行大学和国学两级教育制度。在首都设立大学寮，地方各国设立国学。大学寮定员 400 名，国学按照人口多少定员为 50、40、30、20 名。学校教材主要是《周易》《尚书》《周礼》《礼记》《仪礼》《毛诗》《左传》《论语》《孝经》等儒家九经，其中的《论语》《孝经》为必读，其他七经为选读，选读七经中通二经送太政官考试合格后就可以出仕为官。尊崇孔子为教育始祖，701 年开始祭祀孔子，768 年仿照唐朝尊称孔子为文宣王，仅比唐朝晚了 29 年。祭祀孔子被列入国家祀典，每年春秋两次祭祀，由大学寮的主管大学头代表天皇致祭。到平安时期，祭祀仪式后，还举行讲经活动，亲王以下百官要到大学寮讲论儒经，有时天皇还召见博士、学生等入宫就祀典后的讲经进行讨论。奈良、平安时期的教育非常兴盛，除国家所办的学校外，还有许多私立学校。一种是贵族为本族子弟所建，著名的有 821 年藤原冬嗣开办的劝学院、881 年在原行

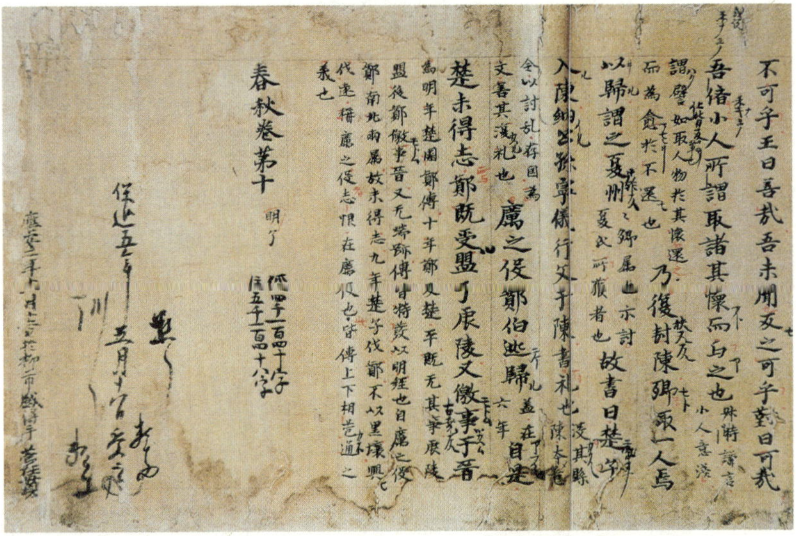

←《春秋》抄本 1139 抄。

平开办的奖学院等；一种是学者创办的私塾，著名的有 828 年空海开办的综艺种智院以及菅原、庆滋、大江、善渊等建立的私塾。

日本早期儒家思想是靠与政治结合并依靠政治权力的扶持和提倡成为国家的治国理念和贵族的道德规范的，并没有深入到民间，所以其兴也勃，其衰也急。9 世纪后期日本中央集权制日趋瓦解，外戚专权，土地班田制被破坏，被政治化了的儒学失去了政治支持和社会需求，所以很快就衰落了。大贵族执政，贵族子弟可以通过荫位和院举为官，不需再去大学读书，学校的地位相应下降；贵族和知识阶层喜欢写作汉诗，主修儒学的明经道地位下降；学校教官世袭化，学问被家族垄断，儒学成为明经博士的家业，沦落为教官家族世代为生的技艺；这一切更加快了儒学的衰落，到平安后期儒学就彻底衰落了。儒学衰落的最重要的标志就是学校的衰落。10 世纪初，地方国学经费已经非常紧张，春秋祭祀已难举行，伊势国学连损毁的孔子像都无力维修，大学寮也好不到哪里去，经费日绌，无力维修房屋和筹办祭品，只好靠卖官和募捐来维持，到 1163 年连祭祀的肉都无力购买，只好全部以青菜为祭品，1177 年，京

→**相国寺** 京都五山之一。

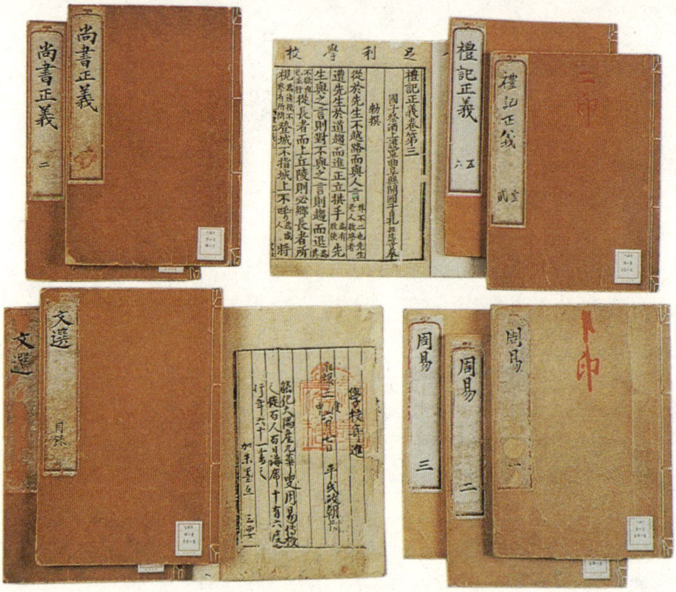

↑**日本现存的宋版儒家经典。**

城一把大火烧毁了大学寮，同时遭火的官衙和藤原氏的劝学院都很快进行了重建，而大学寮却无法重建，只好关门大吉了。

平安以后，社会急剧动荡，皇权旁落，将军混战，农民起义，加之对外用兵，日本进入长达400多年的动乱期，儒家思想也进入长达400多年的沉寂期。幸运的是，遍地战火中，还有寺庙一方净土，日本儒学一缕不绝，全靠僧人维系。日本从奈良时期，也就是从留唐学问僧开始，僧人就有佛儒兼修的传统。禅宗传入日本后，僧人们转向禅宗，寺院教

←足利学校
日本现存最古老的学校。

育“大都不用经典，专以修经（《四书》《五经》）、史（《史记》《汉书》）、子（《老子》《荀子》）、集（诗文集）和作诗为业”，特别是13世纪至16世纪的300年间，寺院生活完全中国化，使用汉语，聘用中国僧人为住持，举行典礼要用汉语，初一、十五的堂上说法必须用汉语，进入禅林也必须通过用汉语进行的考试。禅僧学习汉文经典，写作汉文诗，形成了以京都、镰仓五山禅林为中心的汉文学，史称五山文学。此时的日本，世俗文化的主宰者已经由贵族转向僧侣，僧侣佛儒互补，也成为新近传入的理学的学习者和传播者。

理学传入日本的时间有多种说法，但在传入时间上并没有太大的差别，都在12世纪末至13世纪初。理学传入日本时，正是日本社会发生重大变革的历史时期。1192年建立的镰仓幕府，开创了武士专政的新时代，以幕府将军为代表的武家要建立自己的思想文化以战胜以京都朝廷为代表的公家思想文化，必须寻找新的思想作为自己的理论基础，新近传入日本的禅宗和理学就应运成为武家的思想武器。

↓足利学校的孔子像
1535年造。

中国宋代理学本来就是为因应外来佛教和本土产生的道教的挑战而发展起来的儒家新思潮，理学家们在晚唐以来的动乱以后，创造性

地阐释儒家经典，以孔子内圣外王之学为标准，将传统儒学的伦理道德、价值理想与形上学的本体论结合统一起来，以解决人们的生命价值问题、存在意义问题、道德与人格完善问题，力图重建社会秩序，实现天下的统一与安定，这种思想也非常适合动乱中的日本社会。

在日本当时的社会中佛教的影响非常大，但是在政治思想上儒家思想的影响更大。在中国，禅宗思想本来就是引儒入佛，理学本来就是引佛入儒，两者可以说是互相借鉴。禅宗思想要在日本得到发展，获得社会和大众的认可，找到信仰对象，就更需要借儒说禅，所以不论日本本土僧人、游宋僧人还是中国渡日僧人都是借儒说禅，禅学中包含理学，理学在日本的初期主要是靠禅僧学习和传播的。

理学在日本的发挥作用，仍然是步汉唐经学的后尘，采用通过影响上层政治家进而影响社会的途径。访宋归来的圆尔辨圆 1257 年最早向幕府执权北条时赖讲授含有二程学说内容的南宋人圭堂所著的《大明录》，但这只是借禅说儒。义堂周信（1325 年—1388 年）1380 年向室町幕府将军足利义满进讲《中庸》和《孟子》，标志着理学经过 100 多年的传播已经抛开禅学的外衣而独立。最早向京都皇室传授理学的是清源赖业，他曾为高仓天皇进讲过《大学》《中庸》，但影响不是甚大。理学真正在京都朝廷产生影响是在 14 世纪初，玄惠法印为天皇进讲程朱理学，花园天皇自称研究理学七八年，与玄惠法印及其弟子日野资朝讨论理学有“始

→足利学校
文庙的大成殿现存建筑为 1671 年建。

逢知己”之感，“终夜必谈之，至晓钟不怠睠”，“近日禁里之风，即是宋朝之义也”，宋朝理学已经统治了宫廷。

到14世纪中期，理学逐渐脱摆了佛教的影响而独立，也逐步取代了汉唐经学成为社会的指导思想。此时，不论公家还是武家都已认识到理学在治国安民方面的价值。天皇为夺回被幕府夺去的权力，大力提倡理学，以三纲五常、大义名分激励朝臣气节，致使“凡近日朝臣多以儒教立身”，“近日禁里频传道德儒教事”。后醍醐天皇终于在“只依《周易》、‘论’、‘孟’、《大学》、《中庸》立义者”的北畠亲房、日野资朝、日野俊基等朝臣的支持下打倒了镰仓幕府，虽然只是实现了短暂的建武中兴，成果被室町幕府所夺取，但已经充分显示了理学在政治上的作用。武家也大力提倡理学，室町幕府将军足利义满崇信理学，跟随义堂周信学习《大学》《中庸》《孟子》等理学著作，地方诸侯如周防的大内氏、越前的朝仓氏都热心学习理学，大力提倡理学。

15世纪是理学在日本传播最快的时期，理学著作被大量印刷并开始向地方扩散，大量的理学著作被和训和点，理学研究著作涌现，理学学派开始产生。13世纪中期日本复刻出版了第一部理学著作朱熹的《论语集注》后，200多年再未出版发行过任何理学著作，1481年桂庵玄树在萨摩翻印《大学章句》后理学著作才开始大量印刷发行。中国典籍传入后日本人都是依照中国人的读音读法直接来读，学习很困难，为解决这

←东京汤岛圣堂大成殿

个问题，有人就在汉语原著上按照每一个汉字的训诂意义标注上日文假名，变汉语直读为译读，这就是和训。15世纪初期，歧阳方秀首先将《四书集注》进行和训，其弟子桂庵玄树在1501年出版了《四书五经古注和新注的作者及其句读》，统一了《四书》《五经》的训点，其后萨南派的文之玄昌出版了《周易大全倭点》《素书训点》等和训和点理学著作。有关理学的研究早在理学传入后不久就出现了，但主要出现在禅僧的语录中，反映了禅僧对理学的理解和阐述。14世纪出现了关于理学的论文，15世纪开始出现研究理学的专门著作，到15世纪中后期就在京都形成了以歧阳方秀为代表的京师学派、在四国形成了以南村梅轩为代表的海南学派、在萨摩形成了以桂庵玄树为代表的萨南学派，此外还形成了以清原业忠、一条兼良为代表的公卿博士派。

历经300多年的传播发展，理学越来越深入人心，到17世纪终于成为了日本社会的统治思想，进入了儒家思想在日本的第二个兴盛期。

1603年，德川家康消灭了割据势力，统一了全国。为巩固统一，加强集权，建立了自上而下从征夷大将军到大名到武士再到士、农、工、商一整套等级身份制度，幕府将全国土地收归己有，再将部分土地分封给诸侯大名和幕府直属武士，大名又将领地年贡分给自己的陪臣，陪臣又将自己的俸禄分给自己的家臣，将军、大名和武士通过领地和禄米的层层分封结成君臣、主从关系。为了维护这种制度，幕府需要寻求一种思想作为理论基础。德川家康深受理学的影响，他曾说："予常闻儒生讲经书，深知欲为天下之主者不可不通《四书》之理，既不能全通，亦当熟玩《孟子》一书。"所以统一全国后，选用主张大一统、提倡大义名分、反对犯上作乱、主张富贵贫贱皆命数、把三纲五常绝对化的理学作为统治思想，大力提倡理学，定朱子学为官学。幕府将朱子学以外的思想、学派称为异学，宽政二年（1790年）、七年曾两次下令禁止异学。

幕府以朱子学作为统治思想，所以历代将军都大力提倡朱子学。第一代将军德川家康大量刊行《论语》《周易》等儒家经典，同时重用朱子学者。开创日本朱子学派的林罗山被委以重任，参与幕府机要，为幕府的内政外交出谋划策，先后担任四代将军的政治顾问，他的后代世世担任幕府的儒官，主管幕府学校，日本朱子学也就成了林氏的家学。五代将军纲吉尤其重视儒学，八年之间曾亲自向大名、公卿240次讲解《四书》《孝经》《周易》等儒家经典，并刊印《四书集注》分发给听讲诸臣和各个寺社。十一代将军家齐创建幕府直属学校昌平坂学问所，教育幕府臣僚和他们的子弟，并接受各藩推荐的学生，全盛时期，仅各藩推荐就学的学生就达500多人。幕府还创办了学习院，专门教育朝臣，为他们讲授《四书》《尚书》《诗经》《孝经》等儒家经典。

被剥夺了统治权力而只保留了象征意义的天皇也不甘寂寞，纷纷大力提倡儒学。后阳成天皇下诏刊行《四书》《五经》，后水尾天皇命南浦文之倭点《四书》，后光明天皇命学者进讲《中庸》《周易》，刊行《性理大全》，建设孔子庙，灵元天皇在东山文库亲自绘画孔子像并撰写赞词。

↑**林罗山像**　林罗山（1583年—1657年），日本著名的朱子学家。

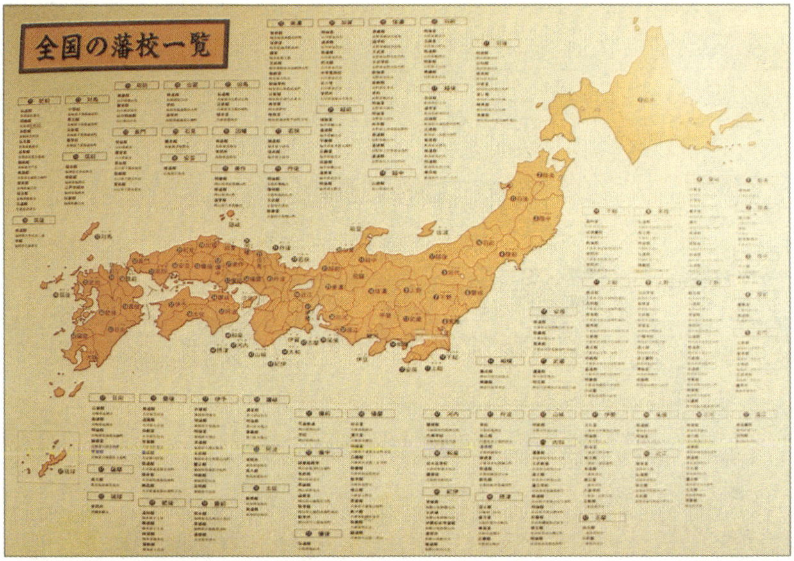

←**日本藩校示意图**

→鹤岗藩校致道馆

→**藤树书院** 阳明学者中江藤树(1608—1648)讲学处，在滋贺县高岛郡。

→**日新馆** 会津藩校，1801 年建，1868 年毁于战火，1987 年重建。

在将军、朝廷的影响下，分封在各地的诸侯大名也纷纷大力提倡儒学，兴建学校，传授儒学。尾张藩主德川义直重用流亡日本的明朝学者陈元赟，并首先建设藩设孔子庙和名古屋学问所，其后被各藩所仿效。南部藩于1636年建立了文武稽古所，闲谷藩于1641年创建了花畠学舍，1671年又建设了闲谷学校，到19世纪中期，日本全国先后共建起了284所藩校。除大名外，支藩藩主、小的领主甚至藩臣也建起了自己的学校。在官办学校的热潮中，著名学者也纷纷创办私塾，其中著名的有中江藤树的藤树书院、伊藤仁斋的古义堂、松本新道的松下村塾等。地方热心人士兴建了众多的乡学、寺子屋，全盛时期，日本全国建有乡学108所，私塾、寺子屋10546所。藩校一般只教育武士子弟，私塾、寺子屋主要教育平民子弟。藩校文武兼修，文科教材主要是《四书》《五经》《孝经》《左传》儒家经典和《史记》《资治通鉴》《文选》《唐诗选》等文史书籍。寺子屋一般学习《小学》《四书》《五经》等。

德川幕府非常重视以儒家伦理进行社会教化，将中国清朝顺治皇帝颁布的具有“孝顺父母、尊敬长上、和睦乡里、各安生理、勿作非为”等内容的《六谕衍义》翻译成日文颁发全国，同时还刊印颁发了中国的《朱柏庐治家格言》和日本室鸠巢的《明君家训》，刊印编写了分别针对武士、商人、妇女、儿童的《武士训》《商人须知》《女四书》《女仁义物语》《和

←伊藤家族墓地

伊藤仁斋（1627年—1705年）开创古义学派。

↑**冲绳孔庙** 冲绳原为中山国，从明朝开始接受中国册封，19世纪被日本吞并纳入日本版图。

俗童子训》等上百种通俗读物，编印了《皇和表忠录》《大倭二十四孝》《本朝列女传》等几十种宣扬忠孝节义的书籍。

中国儒家思想输入日本后，经过统治者的提倡，学者的研究，教育的普及，到江户时期终于造成了日本儒学人才辈出，学术繁荣，相继出现

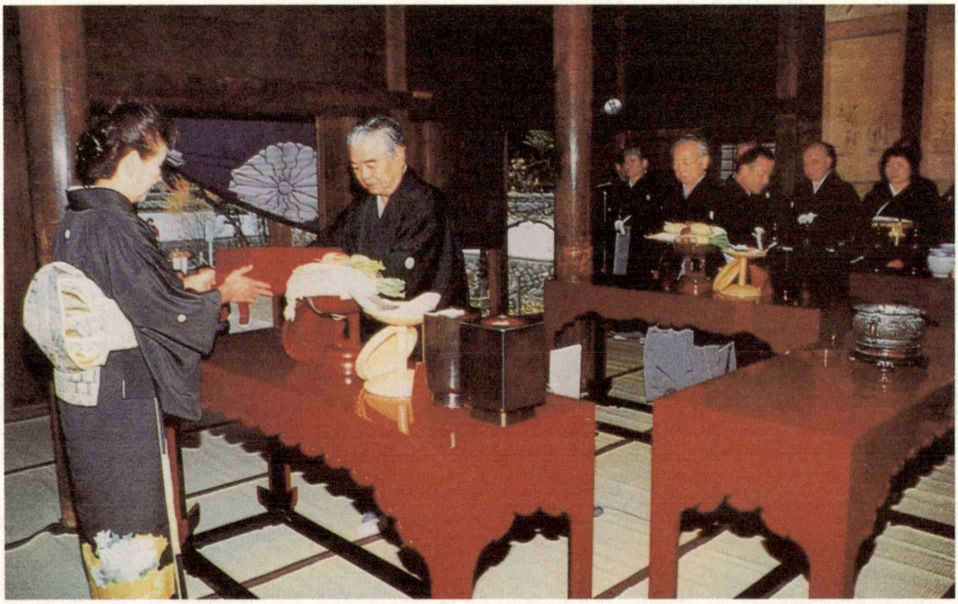

↑**金兰之家** 足利学校圣庙祭祀。

了朱子学派、古学派、阳明学派、水户学派、折衷学派、考证学派等学术派别，这是日本儒学的第一个学术繁荣期。

在举国学习儒学的热潮中，日本也按照中国崇德报功的传统，各地纷纷建设孔子庙，祭祀孔子。幕府重臣林罗山于1632年在幕府驻地江户（今东京）建设了孔子庙，1660年三代将军家光首先专程拜谒孔子，此后上自幕府征夷大将军，下至大名、武士以及平民百姓都向孔子顶礼膜拜。

明治维新，政教分离，深受西方影响的知识分子大力宣扬西方的自由主义，批判儒家思想，儒学丧失了统治地位。但是，日本的资产阶级革命并不彻底，继续保留了浓厚的封建残余，明治政府以“和魂洋用”作为教育宗旨，坚持以儒家思想对学生进行思想和道德品质教育，稍为消沉的儒学又兴旺起来。

二次世界大战后，儒学在日本仍然受到重视，现在的学校教科书中保留了许多孔子思想的内容，中学《国语》教材一般选择《论语》30章左右，《孟子》10章左右，辅助教材《论语、孟子抄》一般抄选《论语》50至70章，《孟子》20章左右，两者相加，《论语》能选到20%，《孟子》能选到10%。教科书所选孔子思想的内容比中国都要多。

←日本企业家在上《论语》课。

↑**孔子像** 现在供奉在河内国子监文庙大成殿内。

孔子思想在越南的传播与影响

"威仪共秉周家礼，学问同尊孔氏书"，与中国山水相连的越南是孔子思想传入最早、影响最深最大的国家之一。

孔子思想在越南的传播与影响的历史比较独特，越南在939年独立以前，北半部一直属于中国管辖，孔子思想的传播与影响也主要在北半部，越南独立后，孔子思想的传播与影响也随着越南的向南推进逐渐向南发展。越南独立前，中国政府派遣官员前往治理，采用和中国基本相同的管理方式，孔子思想的传播与影响也基本与中国相同，推行传播主要是由中国人来进行的；越南独立后，在政治、文化、经济等方面采用与中国相同或相似的制度，孔子思想逐渐从治国理念发展成为统治思想，推行传播的主角变成了越南人。但不论中国人还是越南人，推行孔子思想的结果是促进了越南文化、经济等全面进步，对越南的社会发展作出了重要贡献。

秦始皇时，中国势力已经进入越南北半部，秦朝在越南设立象郡，派遣官员前往治理，同时还发迁内地罪人与本地人杂居。秦末动乱之际，秦朝派遣的官吏南海龙川令、代理南海尉赵佗趁机自立为南越王，建立南越国（前207年—前111年），占领了南海、桂林和象郡，辖境相当于现在的广东、广西和越南中部和北部。赵佗是中国河北真定人，在位71年，对汉称臣。越南史学家黎嵩说他"武功慑乎蚕丛，文

↓河内文庙庙门

←**越王台**　在广东龙川县佗城镇。

←**赵佗**(?—前137年)，建立南越国，公元前96年臣服于汉。

教振乎象郡，以诗书而化训国俗，以仁义而固结人心”(《越鉴通考总论》)，以孔子思想为治理理念，用孔子思想教化人民，这说明，早在公元前三世纪末孔子思想就已经进入越南，并且成为教化团结人民、移风易俗的工具。

汉武帝灭掉南越国，在越南北部设置交趾、九真、日南3郡22县，将越南北部正式纳入中国版图千余年。赵佗虽然用孔子思想治理越南，但时间很短，而且范围有限，西汉时越南社会仍然很落后，“骆越之民无嫁娶礼法，各因淫好，无适对匹，不识父子之性，夫妇之道”，“以渔猎为业，不事耕种”，大多地区仍处在原始社会阶段，所以前往治理的中国官员都注意用先进的中国礼乐文化进行教化。西汉末年、东汉初年，孔子思想在越南的传播进入第一个高潮。此时锡光担任交趾太守，任延担任九真太守，治理时“乃教其耕犁，使之冠履，为设媒官，始知聘娶，建立学校，导之礼仪”，同时将避乱南迁的中原移民“杂居其间，用稍知语言，渐见礼化”，用中国先进的衣冠文物、婚姻制度和孔子思想改造越南尚未开化

→私塾课子图
越南民间儒学教育十分普及。

的风俗，因此大受越南人民的欢迎。任延本来就是博通儒学的学者，当然要用孔子思想教化人民，治理九真四年，卸任北归后“九真人为之立祠，其生子皆名曰‘任’焉”。经过锡光、任延等中国官吏的教育，越南人到东汉时期就出现了许多人才，越南人可以和中原人一样考取茂才，荐举孝廉，出仕为官，越南人李琴曾官至司隶校尉，负责纠察首都百官、外戚、诸侯，与尚书令、御史中丞同是朝中最显赫的高官之一。

↓国子监文庙庙门

三国至南朝时期是孔子思想在越南传播的第二个高潮。汉末以后，中原地区进入长达300多年的动乱，而越南北部却成为远离战火的一方净土，大量中原士子南下避乱，儒学学者许慈、许靖、刘熙、薛综、程秉等都曾避难越南，学者的南迁加快了儒学的传播。更重要的是，其间有许多贤良官员出任地方行政长官，陶璜四世五人出任交州刺史，多行善政，卓有政绩，杜惠度父子两任刺史，击退南方林邑的多次入侵，保护了交州的安宁，“惠度布衣蔬食，俭约质素，……禁断淫祀，崇修学校”，守土爱民，以礼乐进行教化。第二个高潮的代表是士燮（137年—226年），他祖籍鲁国汶阳，出生在越南，少年游学洛阳，通《左传》和古今《尚书》，名扬京师，举孝廉，中茂才，187 年出任交趾太守。交州刺史朱符贪婪暴虐被杀，州郡动乱。士燮收拾残局，趁机夺取交州权利，三个弟弟也分别担任了合浦、南海、九真太守，兄弟合力安定了交州。士燮任职交州 40 多年，以孔子思想教化人民，保全一方，深受越南人民爱戴，被越南人民称为“士王”，立庙祭祀。越南《四字经》歌颂说：“三国吴时，士王为牧，教以诗书，熏陶美俗。”《越鉴通考总论》评价说：“士王习鲁国风流，学问博洽，谦虚下士，化国俗以诗礼，淑人心以礼乐，治国逾四十年，境内无事。”古代史学家吴士连评价说：“我国通诗书，习礼乐，为文献之邦，自士王始。其功德特施于当时，而有以远及于后代。”

↑**刘禹锡**(772 年 –842 年）像 唐代文学家、哲学家。

隋唐时期是孔子思想在越南传播的第三个高潮。隋唐都是强大的大一统帝国，加强了对越南的治理，建立了完备的地方军政机构。隋代平定了李佛子的叛乱，打退了南方林邑的进攻，还一度攻破林邑，将林邑纳入中国版图，在林邑故地设置 3 郡 12 县，在越南设立交州道行军总管府，统一管理越南事物。唐承隋制，在越南设置交州总管府、都督府，622 年改称安南都护府，从此越南又称安南。隋唐时期由于中国实行了科举制度，官员大都具有较高的文化素养，派往越南的官员大都大力提倡文教，唐贞观四年下令州县学校都要设立孔子庙，越南也大兴学校，所以孔子思想的普及更加广泛。前往越南治理的循吏有隋代大将军令狐熙，在越南“为建城邑，开设学校，华夷感激，称为大化”，唐代安南都护马总“廉清不挠，用儒术教其俗，政事嘉美，獠夷安之”，交趾令王福畤（诗人王勃之父）“大兴文教，士民德之，至今祀之，号王夫子祠”。唐代时，中国和越南的文人交往频繁，唐初著名诗人杜审言、沈佺期曾被流放越

↑河内文庙对联

南，中晚唐诗人刘禹锡、韩偓也曾到过越南，安南都护高骈击败南诏，保护了越南安全，位高望重，诗作被越南人当作范本；越南士子也北上中原，安南诗人裴泰北上担任唐朝中书舍人，南下担任安南都护，无碍上人、黄知新游学中原，与诗人王维、贾岛诗文唱和。通过中国官吏的教化和两国学者的交流，越南文化水准上升很快，唐朝也准许越南士子参加科举考试，考试合格，可以在中原为官。越南人姜公辅进士及第，官至中书门下平章事，成为第一位在中国做宰相的越南人。

↓河内国子监大成殿殿庭

晚唐时期，中原社会动乱，无力顾及越南，越南土

豪趁机割据，曲氏、杨氏、矫氏、吴氏相继称雄，互相攻战，963年丁部领消灭了十二使君，统一了越南北部，968年建立独立政权大瞿越，但国祚很短，12年后被黎桓取代，建立前黎朝，29年后前黎朝又被李公蕴取代，建立了李朝。

越南虽然独立了，但直到中法战争以前一直奉中国为宗主国，国王接受中国皇帝的册封。

越南独立初期的两朝虽然时间很短，但由于长期受孔子思想的影响还是推崇儒家思想，丁废帝曾观明堂辟雍，黎龙铤曾向宋朝请求颁给儒家九经，宋真宗按照要求如数赐给。

李朝开国君主李公蕴僧侣出身，年轻时“不事生产作业，惟涉猎经史，慷慨有大志”，颇通儒学，所以即位后以佛教为国教，以孔子思想为治国理念，仿造中国官制设立中央和地方各级政权。后世子孙按照儒家重农主张发展农业生产，以忠孝观念治军平叛，以儒家伦理教化人民，向宋朝求购儒家经典，大兴学校，1075年开始实行科举制度，1070年建庙祭祀孔子，孔子思想在独立后的越南形成了第一个兴盛期。

↓朱安（1292年—1370年）像 越南理学家，从祀文庙。

陈朝（1225年—1400年）非常重视儒学，皇帝亲自学习儒家思想，圣宗“诏求贤良明经者为国子监司业，能讲谕四书五经之义者入仕经幄”，英宗“命天章学士阮士固讲五经”，命通晓儒家思想的学者为自己授课；陈朝皇帝非常重视皇室教育，尤其重视对皇太子进行系统的儒学教育，太宗“亲写铭文，赐诸皇子，教以忠孝和逊、温良恭俭”，圣宗“选天下儒学有德行者入仕东宫”，明宗征拜理学家朱安为国子监司业“授太子经”，对皇子、皇太子系统进行儒学教育更好地保证国家用儒家思想作为治国理念。大力兴办学校，将官办学校推广到地方州镇，继续推行科举制度，重用

→海阳文庙

儒学学者，虽然宰相必用宗室贵族，但也必须选用“有道义、通诗书者为之”。国家尊儒重道，提倡儒学，越南的儒学水平也大有提高，出现了朱安、张文超、杜子平、黎文休等一批儒学家，其中尤以朱安最为著名，他所著的《四书说约》是越南最著名的理学著作，因此被称为越儒宗。朱安、张文超、黎文休、黎括等极力排斥佛教，佛教地位逐渐下降，儒学的政治地位逐渐上升，儒学终于取代佛教成为国家的统治思想。朱安、张文超扬儒斥佛有功，分别于1370年、1372年被允许从祀孔子庙。越南进入了独立后的第二个兴盛期。

1400年，外戚胡季犛依靠宫廷政变夺取政权，建国号为大虞，但史家一般称为胡朝。胡季犛是一位很有思想的政治家，他推崇周公，贬抑孔子，称韩愈为盗儒，说周敦颐、二程、朱熹等“学博而才疏，不切事情而务为剽窃”，立国虽然只有7年，但厘定科举办法，仿照元朝进行考试。胡朝建国后大力改革，但操之过急，激化了社会矛盾，加之连年对外用兵，骚扰明朝边境且耍弄手腕，终于迫使明朝出兵灭掉了胡朝，因为陈朝皇帝的子嗣已被胡季犛杀光，无法选立新国主，明朝将越南纳入中国版图，派遣官员前去治理。明朝占领越南虽然只有短短的21年，却使儒家思想更加普及深入，明朝命府、州、县建立学校文庙，将学校由原来的州镇推向了县，向每所学校颁发《四书》《五经》《性理大全》《孝顺事实》《为善阴骘》等儒学经典和伦理通俗读物，命学校按照中国制度向国家选送贡生，从选拔的9000多名“明经博学、贤良方正、孝弟力田”人士挑选担任越南各级政权官吏。

从后黎朝（1428年—1527年，1533年—1789年）开始，儒家思想在越南进入全盛期，成为国家的统治思想。历朝无不大力提倡儒家伦理，

←**进士题名碑** 河内国子监现存进士题名碑 82 通，顺化国子监存 36 通。

莫朝（1527 年—1677 年）开国君主莫登庸认为“三纲五常，扶植天地之栋干，奠安生民之柱石，国而无此，则中夏而夷狄，人而无此，则衣裳而禽兽。自古至今，未有舍此而能立于覆载之间也”，因此国家大力提倡纲常伦理。黎圣宗制定颁布的《激劝忠义令》和《二十四条伦理》、黎玄宗颁发的《申明教化四十七条》、黎嘉宗的训诫百官都突出提倡忠孝节义。后黎朝和割据政权莫朝、郑主（1539 年—1787 年）、西山阮朝（1778 年—1802 年）以及其后的阮朝（1802 年—1907 年）无不大兴学校，大兴科举，后黎朝 1514 年的那次会试应试举人竟多达 5700 人，而取中进士只有可怜的 43 人。为鼓励士子学习，科举考试后，皇帝亲自召见新科进士，赐官赐宴，命鼓乐导引，良马送回府第，又命刻名立碑于国子监。国家独尊儒术，孔子地位空前提高，孔子庙（文庙）遍及越南全国，县以上城市无不建设孔子庙，每年春秋都要举行释奠大祭，皇帝有时也亲自去文庙行礼。

↑**进士荣归图**

↑**顺化国子监** 越南最后一个王朝阮朝的最高学府。

1884 年，越南沦为法国的殖民

→会安文庙泮池

地，但越南人民并没有屈服，在乡官吏和举人以忠君爱国相号召，组织人民进行勤王抗法斗争，虽然斗争只坚持了三年，但还是给法国殖民者以沉重的打击。殖民者力图消灭越南的民族意识和传统文化，将矛头指向已经成为越南民族思想文化主干的儒家思想，将研究、提倡儒家思想的学者指为亲华派严厉打击，1917年颁布法令废除科举，废除汉字和以汉字为基础创造的越南喃文，强令越南人民使用拼音文字。但一些世家大族仍然坚持学习儒学，有的学者公开赞颂孔子及其思想，有的学者为适应拼音文字的新形势，将《四书》《五经》翻译成新文字，用新文字撰写介绍、研究儒家思想的著作。

↑胡志明市的孔子像　位于原孔子大道上。

第二次世界大战以后，越南分为南北两部分。南方仍然坚持尊孔读经，中学开设汉学课程，顺化大学设立汉学院，经学为主，词章为辅，专门培养汉学人才。儒学研究非常活跃，成立了孔学会等学术团体，翻译出版儒学书籍，编印儒学刊物，维修新建文庙，恢复祭孔活动，以孔子诞辰为教师节，全国放假一天，将西贡的两条大街分别命名为孔子大道、孟子大道。北方由于共产党早期以反帝反封建为号召，将孔孟哲学列为批判对象。但是夺取政权

后，逐步正确对待传统思想和文化。胡志明早年深受儒家思想影响，他认为“孔子学说优点在于个人的道德修养”，“其精华我们应该好好学习”，用孔子的仁、义、智、勇、廉概括革命干部的人格，用“忠于党，孝于民”教导军人。革新开放以来，针对西方文明带来的弊端，越南也越来越重视儒家思想在民族文化和现代化建设中的作用，将孔子思想当作民族思想文化的一部分，越南党和国家领导人也到文庙孔子像前上香。

↑胡志明在曲阜 1965年5月19日，胡志明专程到曲阜参观。

在历史上，孔子思想推动了越南社会、政治、经济、文化的全面发展，对越南民族思想、文化、道德、伦理以致民风民俗的形成都发挥了重要作用，在革新开放的今天，孔子思想对越南的建设还在发挥着作用。

↓整修一新的河内国子监。

孔子思想在欧美的传播与影响

↑孔子像　在美国洛杉矶加州大学内。

孔子思想是由来华的欧洲传教士引入欧洲的。16 世纪，欧洲传教士来到中国，他们来华的目的本来是传播耶稣教，但是来华后他们发现，要让中国人信奉他们的天主是何等的艰难。深受孔子思想影响两千年的中国人最相信孔子，虽然也有人信奉土生土长的道教和经过改造的佛教，但这些宗教的影响和孔子思想是不能同日而语的。传教士要使中国人信奉耶稣，就必须要了解中国人的思想文化，因此就逼得传教士们不得不研究孔子的思想，研究中国的文化。而研究孔子思想和中国文化的结果，使得传教士们发现了一个全新的思想文化领域，他们忍不住要把中国的思想、文化、政治、经济和社会各个方面的情况介绍给欧洲人，孔子思想因此被引入欧洲。

孔子思想传入欧美的时间比较晚，虽然没有像在中国近邻那样产生重大的决定性的影响，但对西方思想文化的发展还是产生了一定的影响。

↑马可·波罗像

意大利

意大利是最早接触孔子思想并把孔子思想引入本国的西方国家。1265 年，威尼斯商人尼科罗、马菲奥兄弟经商来到元朝大都，1275 年作为蒙古大使的副手在向罗马教廷递交了国书后带着儿子马可·波罗重又回到了中国，马可·波罗回国后所作的《马可·波罗游记》使众多的西方人第一次了解了中国。

↑利玛窦与徐光启

将孔子思想最早引入西方的是意大利的传教士。1579 年第一个来华的传教士罗明坚进入了澳门，但没有产生多大的影响，产生影响最大的是 3 年后进入中国的利玛窦（1552 年—1610 年）。利玛窦进入中国后发现传教非常困难，就转而研究儒家思想，“遂僦馆延师读儒书，不一二年，四书五经皆通大义”，了解了儒学，他尊敬孔子，尊重儒学，为便于接近中国官员和士大夫，他变服易装，穿儒服，戴儒冠，自称儒者，撰写《天学实义》，用儒家思想附会、论证天主教义，向中国人介绍天主教，撰写《基督教传入中国史》，向欧洲人详细介绍孔子思想，此书先后被译成意大利文、拉丁文、法文、德文、西班牙文出版，在欧洲社会和思想界引起强烈反响，西方学者认为它对“欧洲文学、科学、哲学、宗教及生活方面的影响或许要超过 17 世纪其他任何的史学著作”，同时利玛窦还将《四书》翻译成拉丁文，这是西方翻译

←利玛窦墓
墓在北京。

的第一部儒家经典。利玛窦在华28年，最后客死中国，在华期间共撰写和翻译汉语著作19种，对东西方文化的沟通作出了重要贡献。

受利玛窦的影响，许多意大利传教士接踵来到中国，他们大多主张将天主教义和儒家思想相调和，一手拿圣经，一手拿儒经，向中国人传播天主教义，向欧洲人介绍孔子思想。这些传教士或翻译儒家经典，或著书介绍孔子及儒学。利玛窦的弟子金尼阁于1626年率先将《五经》译成拉丁文，1613年来华的艾儒略在华著述30多种，对《四书》《五经》很有研究。1659年来华的殷铎泽翻译了《论语》《大学》和《中庸》，并用拉丁文和法文撰写了《孔子传略》。1687年，法国国王路易十四敕令编印出版的由五位传教士合著的《中国之哲人孔子》，对整个欧洲都产生了重大影响，欧洲学术界也开始承认孔子在哲学、政治学、伦理道德等方面的学术地位。

↑意大利文版《论语》

欧洲传教士的翻译和著述使欧洲人了解了孔子和儒家思想，并在欧洲形成了一股中国热，而孔子思想和中国文化使欧洲的资产阶级思想启蒙家“发现了一个崭新的精神和物质世界”，孔子思想的非宗教性倾向为资产阶级反对封建专制提供了思想武器。

除意大利人外，随传教士来到意大利的中国人对介绍孔子思想也作出了一定的贡献，1869年，中国人郭栋臣在意大利教授中文，杂取《论语》《大学》《孝经》《朱子小学》《三字经》等书编写了《华学进境》，向意大利人宣传介绍儒家思想。

孔子思想在意大利其兴也勃，其衰也急，由于意大利在东方没有殖民地，对东方文化不够重视，孔子思想的研究也就逐渐衰落，得风气之先的意大利的儒学研究也就逐渐被法国、英国、德国所超过。

法国

法国是欧洲孔子思想影响最大的国家，也是孔子思想传入仅晚于意大利的欧洲国家。最早将孔子思想引入法国的是来华传教士金尼阁，他是利玛窦的弟子，1611 年进入中国，1626 年将五经译成拉丁文。1688 年，法国国王路易十四同时派遣张诚、白晋、李明、刘应、洪若翰五位传教士前往中国，他们同时带来西方的科学知识，吸引了康熙皇帝，得到康熙皇帝的信任和重用，借机宣传天主教义与孔子等中国传统思想并无矛盾。其中白晋在中国生活 40 多年，并长期在清朝宫廷任职。

法国之所以成为欧洲孔子思想影响最深的国家，是因为法国翻译的中国经典最多，除儒家经典外，还翻译了许多文史作品。翻译成法文的有《五经》《四书》《孝经》等儒家经典，《通志》《文献通考》《通鉴纲目》等史志书籍，《赵氏孤儿》《玉娇梨》等文艺作品，《三字经》《千字文》等启蒙读物。传教士们除翻译中国典籍外，还纷纷著书立说，在巴黎出版的《中华帝国全志》（竺赫德著，1735 年出版）、《耶稣会士书简集》《北京耶稣会士中国纪要》三书被称为关于中国的三大名著，《中华帝国全志》还被译成英语、德语、俄语出版，在西方造成很大影响。法国传教士还大量收集中国典籍运回法国，中国旅法的学者也纷纷著书介绍中国古代的文学、史学和科学。

↓**狄德罗**（1713 年—1784 年） 法国哲学家、文学家、启蒙思想家。

孔子思想传入法国后引起强烈反响，在 18 世纪的法国，上自王公贵族，下至平民百姓，争相了解、谈论中国，对中国的哲学、文学、艺术、政治学、伦理学、经济学、教育学都表现出浓厚的兴趣，以致形成了中国热。

受孔子思想影响最大的是法国的启蒙思想家。18 世纪，资产阶级的启蒙思想家们高举理性的旗帜，向封建专制制度和封建神权发起猛烈进攻，为资产阶级革命作思想准备。正如伏尔泰所说，他们从以孔子思想为主干的中国古代灿烂文化那里“发现了一个崭新的精神和物质的世界”，儒家无神论的哲学思想，仁政

德治的政治思想，融政治与道德为一体的伦理思想，重农轻商的经济思想，为他们反对封建专制和神权提供了借鉴和武器。百科全书派的领袖霍尔巴赫（1723年—1789年）反对法国和欧洲的君主专制制度，推崇孔子以德治国的政治主张，“在中国，理性对于君主的权力发生了不可思议的效果，建立于真理之永久基础上的圣人孔子的道德却能使中国的征服者亦为所征服”，“国家的繁荣，须依靠道德”，“欧洲政府非学中国不可”。百科全书主编狄德罗认为儒教只需以“理性”或“真理”就可以治国平天下，赞美孔子思想简洁实用。重农学派的领袖魁奈（1694年—1774年）推崇儒家重农轻商的主张，“农人穷困则国家穷困，国家穷困则国王穷困”，由于他的提倡，法国国王路易十五于1756年仿效中国皇帝举行亲耕籍田的仪式。魁奈还推崇孔子举贤才的主张和中国的科举制度，科举制度“使工匠的子弟也能当上总督”。魁奈十分佩服孔子，他评论《论语》二十章说，“它们都是讨论善政、道德及美事，此集满载原理及德行之言，胜过于希腊七圣之语”。由于他对孔子思想深有研究和大力推崇，以致被称为“欧洲的孔夫子”。

法国最推崇孔子及其思想的是启蒙思想家伏尔泰（1694年—1778年）。他曾经精读了儒家经典和介绍孔子及其思想的著作，认为中国的政治、哲学、道德、科学完美无缺，“我们不能像中国人一样这真是大不幸”；认为孔子的伦理道德规范和指导着从统治者到平民百姓修身、齐家、治国、平天下，中国才能国泰民安，万里长城未能阻挡住的外族人入主中原后也都被中原文明所征服。他主张法国也应当用儒家之道来治国，“孔子常说仁义，若使人们实行此种道德，世上就不会有什么斗争了”。他十分敬重孔子，认为孔子只讲道德不讲鬼神，要比基督高明得多，基督只是禁人行恶，而孔子教人行善。在他的《哲学辞典》中，

↓**伏尔泰**（1694年—1778年）法国启蒙思想家、作家、哲学家。

他引用了孔子的七句格言后说，“多么可悲，西方人也许应该感到羞愧，……竟要到东方找到一位智者，……他在公元前六百余年便教导人们如何幸福地生活，……这位智者便是孔子，……自他以后，普天之下有谁提出过更好的行为准则”，“普遍的理性抑制了人们的欲望，把‘己所不欲，勿施于人’这条法则铭刻在每个人的心中”。所以他把孔子的画像挂在自己的礼拜堂内朝夕礼拜，并作诗赞颂孔子说：“子所言者惟理性，天下不惑心则明。实乃贤者非先知，国人世人俱笃信。”

←密特朗在曲阜孔庙

1981 年，竞选总统期间的密特朗专程到曲阜参观。（孔祥民摄）

孔子思想对法国资产阶级革命产生了重大影响，1793 年制定的《人权和公民权宣言》明确宣示：“自由是属于所有的人做一切不损害他人权利之事的权利，其原则为自然，其规则为正义，其保障为法律，其道德界限则在下述格言之中：己所不欲，勿施于人。”孔子的格言成为自由的道德界限。需要指出的是，法国资产阶级启蒙思想家们为了他们反对封建专制和神权的需要将孔子的思想高度理想化，将孔子的思想进行了加工、拔高和美化，这与孔子思想及其在中国历史上的作用是有一定差距的。

直到 20 世纪中期，法国还是儒家思想研究最有成果的欧美国家，出现了许多以研究儒家经典著称的汉学家。现在法国的儒学研究虽然赶不上美国，但在欧洲还是研究儒家思想的最重要的国家之一。

德 国

德国是欧洲儒学传入较早但研究却稍晚的国家。1622年，德国传教士汤若望就来到了中国，是传教士进入中国较早的欧洲国家，但德国直到1798年才开始翻译《论语》。由于德国是较晚发展资本主义的欧洲国家，所以德国的资产阶级启蒙思想家们也从中国传统思想文化中寻找革命依据。

德国最早推崇孔子思想及中国文化的学者是莱布尼茨。他没有来过中国，通过学习传教士们翻译的儒家经典和介绍中国思想文化的著述了解儒家思想和中国文化，并与来华的法国传教士白晋、意大利传教士闵明我建立了密切联系，收集有关中国的文献资料。1698年他曾与白晋讨论《易经》，1703年3月他将自己1678年发明的二进位表送给白晋，当年10月白晋送给他《伏羲六十四卦次序图》和《伏羲六十四卦方位图》，莱布尼茨发现，如果将阴爻看作0，将阳爻看作1，那么《易经》图像从0到64都是二进位的连续数列，所以他深信中国哲学具有充分的科学根据，因此他赞美儒学，公然宣称在道德和政治方面中国人优于欧洲人，斥责否定中国传统思想的欧洲学者，“我们这些后来者，刚刚脱离了野蛮状态的欧洲人就想谴责一种古老的学说，理由只是因为这种学说似乎和我们普通的经院哲学的概念不相符，这真是狂妄之极”。受他的影响，他的弟子沃尔夫也公开赞美儒学。1721年他在哈尔大学发表的题为《中国的实践哲学》的演讲中将儒学和基督教进行了很有说服力的对比，认

↑**莱布尼茨**（1646年—1716年）德国哲学家、数学家、物理学家。

↑**黑格尔**（1770年—1831年） 德国哲学家，集德国古典哲学之大成，创立了客观唯心主义哲学体系。

为儒学可补基督教之不足，因为他的演讲赞美儒学而对基督教语带轻视，遭到了正统神学派的强烈反对，德国政府以他宣传无神论解除了他的教职，勒令他 48 小时内离开德国，否者将处以绞刑。沃尔夫虽然遭到了驱除，但他却获得学者和民众的普遍同情和支持，他的哲学思想后来被各大学所采用，一时风靡德国哲学界。

↑**康德**（1724 年—1804 年） 德国哲学家、天文学家，近代西方哲学史上划时代的哲学家。

但到了 18 世纪后期，德国哲学界却对儒学采取了截然相反的态度。德国古典唯心主义创始人康德（1724 年—1804 年）认为孔子“并非哲学家”，甚至认为整个东方就没有哲学，孔子的言论“不过是给皇帝制定的道德伦理教条，或者是提供些中国先王的事例”。而德国古典哲学的集大成者黑格尔认为孔子只是一个世间的智者，孔子的哲学只是一种道德哲学，“一种常识道德，这种常识道德我们在哪里都找得到，在哪一个民族里都找得到，可能还要好些，这是毫无出色之点的东西。孔子只是一个实际的世间智者，在他那里思辨的哲学是一点也没有的，只是一些善良的、老练的、道德的教训，从里面我们不能获得什么特殊的东西”。平心而论，孔子的哲学思想并不突出，黑格尔关于孔子哲学思想的评价虽然有失偏颇但还情有可原，但他对孔子伦理思想的评价我们就不能不说是他的“西方中心论”在作祟，完全是不符合实际的。

←**孔子亭** 在科隆和波恩之间的一个大型游乐场内。

孔子思想对 18 世纪后期的德国哲学没有产生多大的影响，但在德国文学界却深受欢迎。大诗人歌德（1749 年—1832 年）读过《好逑传》《玉娇梨》《百美新咏》等中国文艺作品，深为中国文化所倾倒，进而赞美孔子思想，因此被称为"魏玛的孔夫子"。另一个大诗人席勒（1759 年—1805 年）也推崇中国文化，他曾摘译《论语》，试译过《好逑传》。

鸦片战争以后，中国积贫积弱，国际地位下降，孔子思想和中国文化在西方人心目中的地位也随之下降。但到了 19 世纪末期，为了推广基督教，西方传教士极力将孔子思想和基督教进行调和。德国传教士花之安虽然否定中国传统文化，但他却认为儒家思想中的一些伦理观念是可以与"耶稣道理同条共贯的"，并将仁义礼智信等伦理观念与基督教义相结合进行说教。传教士卫礼贤（1873 年—1930 年）在华传教 25 年，曾将《四书》《易经》《礼记》等译成德文，他将孔子思想与西方思想比较后认为，孔子思想比西方思想有许多优越性，他在孔教大学的开学讲经会上的《孔教可致大同》演讲中说："凡所谓经济学说、社会学说，皆不如孔教。西国只知爱国，国之下缺家，国之上缺天，非孔教无以弥补之。西国一哲学家兴，即推倒前之学说而代之，中国则以孔教通贯数千年。历代大儒虽代有扩充，而百变不离其宗，此孔教之所以为大也。今后惟孔教中和之道可致大同，以其无各宗教门户主奴之见，而又能时措咸宜，任环境之变迁，而教义日见光大。……何也？孔子，圣之时者也。"他如此推崇孔子及其思想，以致被人视为"儒教徒"。卫礼贤回国后在法兰克福大学任教，创建中国学院，创办汉学杂志，是德国二战以前著名的四位汉学家之一。

↓孔子亭内的孔子像。

二次世界大战中，德国的儒学研究遭到严重冲击，汉学书籍被损毁，研究机构被破坏，20 世纪 60 年代以后儒学研究才恢复起来。但总的来看，普通德国人对中国和孔子思想了解不多，多数德国人认为孔子强调个人对国家、对父母的服从，对个人留下的发展余地很小。

英 国

英国是欧洲大国中孔子思想输入较晚的国家，1807年英国的第一个传教士马利逊才进入中国，他两次在华停留了25年，收集了10000多卷中国书籍带回英国。马利逊与欧洲早期的传教士不同，他一方面传教，一方面进行殖民和商业活动，热衷于收集情报，对孔子思想的研究与传播工作甚少。

英国的儒学研究真正开展起来是在鸦片战争以后，在华多年的英国传教士利雅各对儒学很有研究，他用了20多年的时间将《四书》《周易》《尚书》《诗经》《礼记》《左传》译成英文，回国后竭力提倡为了贸易和传教必须加强对中国和孔子思想的研究，牛津大学设置汉学讲座后聘他为汉学教授，他认为“孔子是古代著作事迹的保存者，中国黄金时代箴言的诠注者，解释者。过去他是中国人中的中国人，现在正如所有的人相信他那样，又以最好的和最崇高的身份代表着人类最美的理想”。到了20世纪，英国对中国的研究领域扩大，休中诚在华传教20余年，著有《中国古代哲学》一书，除介绍孔子、子思、孟子外，还介绍了荀子、董仲舒、班固、王充等人的思想。总的来看，当时英国对孔子思想的研究水平不高，这主要是因为“日不落帝国”看不起中国文化，他们认为孔子思想不适合于英国的国情和民族习惯，对研究汉学的学者也非常歧视，研究与讲授中国历史的学者不被承认是史学家，大学不准汉学学生读荣誉博士学位，培养汉学人才只是为了满足商业翻译的需要，师资

↑**原孔庙遗址**　在英国皇家植物园内。

↑**李约瑟**（1900年－1995年）　英国科学家，所著《中国科学技术史》，以浩瀚的史实、确凿的证据，证明了中国古代科技知识的发达。

水平也很低，主要由传教士和退休外交官员担任。在欧洲的中国热中，英国肯特公爵在丘园建造了欧洲第一座孔子庙，但他并不是为了祭祀孔子的需要，而是作为中国风格的建筑来点缀他的园林。就是这样一座孔子庙也早已不存了，惟有同时所建的塔还巍然挺立。

1945 年以后，英国重视了对中国的研究，当然也加强了对儒学的研究，牛津、剑桥等著名大学都开展了中国儒学、历史、文化的研究，聘请对儒学颇有造诣的著名学者主持。研究范围从孔子思想的政治、哲学、伦理、教育诸方面扩展到科学技术，英国皇家学会会员李约瑟博士在他的《中国科学技术史》中对孔子和儒家思想提出了许多独到见解，继德国的莱布尼茨之后对《易经》与数学的关系进行研究，并指出“在历法领域中，数学在社会上属于正统的儒家知识的范畴”。自然科学史家梅森认为儒家思想虽是正统哲学，但并不排斥自然科学，并以朱熹的《朱子语类》为例说明朱熹有天文理论，从朱熹的“尝见有螺蚌壳，或生石中，此物即旧日之土，螺蚌即水中物，下者却变而为高，柔者却变而为刚”，认为朱熹已经知道化石是生物残骸，“代表了中国科学最优秀的成就，是敏锐观察和精湛思辨的产物”。

最能代表英国思想界对孔子及儒家思想的认识和评价的应该是《新大不列颠百科全书》的“儒学”条。该条翻译成汉字后有四万多字，详细介绍了孔子家世、生平和孔子所处的时代，孔子的政治思想、哲学思想、伦理思想、教育思想，孔子对中国和世界的影响，儒学的发展和儒家经典等，最后评价说，“在其他许多方面，这位无名的鲁国教师的哲学概念也同样对中国和大半个东亚文化体系的形成发挥了如此强烈的影响，那么，孔子必须被承认为世界历史上最有影响的人物之一”。

俄罗斯

俄罗斯接触孔子思想是从 18 世纪开始的，1700 年彼得大帝亲自下达了派人到中国留学的指令，中国政府同意了俄国的要求，在会同馆为俄罗斯留学生专门建造了馆舍，派国家最高学府国子监“选满汉教习各一人往馆教习满汉文”，1725 年第一批 4 名俄罗斯留学生到达中国，此后每十年更换一次。俄罗斯派遣的留学生虽然很多，但在儒学的研究与传播上的贡献不大，分析其原因可能是留学生主要是学习语言。

真正研究和传播儒家思想的是东正教传教士，1715 年俄罗斯政府正式委派的传教士团到达北京，其后的 145 年间先后派遣了 13 批。俄国传教士对传教并无兴趣，正如 1818 年 8 月 4 日俄国政府所规定的那样“今后的主要任务不是宗教活动，而是对中国的经济和文化进行全面研究，并及时向俄国外交部报告中国政治生活的重大事件”。俄国传教士主要的任务是研究中国的经济和文化，所以其中产生了许多汉学家。第三批传教士中的列昂季耶夫首先将《大学》和《中庸》翻译成俄文，第七批的比丘林翻译了《三字经》、撰写了《中国的国情和习俗》《中国及其居民、习俗、道德、教育》等著作，因此被称为俄国的汉学鼻祖。除从中国直接了解外，俄国还从西方引进研究中国的成果，在 18 世纪 70 年代翻译出版了竺赫德的《中华帝国全志》。到 19 世纪，俄国就形成了研究中国的热潮，1837 年高等学校开设了研究中国的课程，1854 年俄国政府颁发了成立彼得堡大学东方学系的指令，建立了东方学系。

到 20 世纪初期，俄国的儒学研究与传播已经很广泛，《论语》《孟子》《诗经》《春秋》等都被翻译成俄文，出现了许多研究中国的著作。库罗斯托维支 1897 年出版了《中国人及其文明》，多方面地评价了孔子及其思想，格奥尔吉耶夫斯基 1888 年出版了《中国的生活原则》、1890 年出版了《研究中国的重要性》，书中大力赞扬孔子及儒家思想。总的来看，俄国的学者们对孔子和儒家思想给予高度评价。他们称赞孔子是圣人、积极的思想家、伟大的道德家、人所共

←**彼得一世**（1672 年－1725 年） 俄国沙皇，在位改革开放，使封闭保守的俄罗斯成为真正的帝国。

知的全民教育家、风俗改革家和哲学家等等。对孔子思想研究得也很全面，涉及孔子的政治思想、经济思想、伦理思想和教育思想等各个方面，高度评价孔子大一统的思想，推崇孔子的德治主张，甚至认为孔子并不反对法制，而是法制的拥护者。

十月革命以后，由于长期的战争，关于中国的研究进入一个低谷，1949 年新中国成立以后，苏联的中国研究又受到重视，虽然研究的重点转向现代，但是关于中国古代的研究仍然很活跃。苏联编写的百科全书和权威性著作如《苏联大百科全书》《文学百科全书》《苏联历史百科全书》《世界通史》《哲学史》等著作都涉及到孔子及其思想的评价，《苏联大百科全书》评价说“孔学的要义是伦理、道德和国家管理问题”，“孔学是中国古代的伦理政治学说”，“对中国精神、文化、政治生活和社会制度的发展产生了极大的影响”。同时，苏联的学者们对孔子及儒家思想进行了系统全面的研究，取得许多很有价值的成果。他们高度评价孔子的教育思想，一致肯定孔子在教育方面的历史功绩，高度评价孔子的社会政治思想，特别是孔子大一统和仁政德治的思想。

苏联解体后，俄罗斯比较重视儒学的研究，俄罗斯政治家很重视孔子思想在中国现代化过程中所扮演的角色，儒家思想开始进入决策层的政治文化，一般民众对孔子思想也有了进一步的了解，新闻媒体在解释儒家文化圈国家发生的重大事件时常常会引用孔子思想。著名的研究机构有远东研究所、东方研究所，当代最有名的学者是嵇辽拉，出版有《孔夫子：生活、学说及命运》(1993 年)、俄文《论语》(1998 年) 等著作，被称为莫斯科的孔夫子。他认为《论语》就是中国的圣经，建立了有价值的体系，是中国、朝鲜、韩国、日本的精神社会的根，俄罗斯不但要学习西方，而且要大力从东方特别是从孔子思想中吸取营养。

美 国

美国是西方大国中孔子思想输入最晚但研究成就最大的国家。1784 年美国的第一艘商船来到中国，1830 年美国的第一个传教士裨治文来华传教，但是美国是后起的资本主义大国，虽然进入中国晚，但发展却是最快，到 19 世纪末，在华的美国传教士就已达 1500 多人。美国传教士来到中国，他们的任务已不是单独传教，更重要的任务已经从传教转向情报的搜集。传教士们深知要在中国立足必须认真对待中国传统的儒家思想，因此他们了解孔子思想，研究孔子思想，了解中国的历史、经济、文化、民风民俗，所以美国最早的汉学家就产生于传教士之中，其中著名的有裨治文、卫三畏、狄考文等人。传教士们在了解中国的同时也将中国介绍到美国，1832 年裨治文在澳门创办了《澳门学报》，1842 年传教士和外交家成立了美国东方学会，先后出版了《美国东方学会杂志》《美国东方学丛刊》《美国东方学翻译丛刊》，还成立了东方文献图书馆。

←纽约的孔子像

传教士了解、研究孔子思想的结果导致了对孔子及其思想的推崇。卫三畏在其所著的《中国总论》中说，“孔子的著作同希腊和罗马哲人的训言相比，它的总旨趣是良好的，在应用到它所处的社会和它优越的实用性质则超出了西方哲人”，“四书五经的实质与其他著作相比，不仅在文学上兴味隽永，文字上引人入胜，而且还对千百万人的思想施加了无可比拟的影响。由此看来，这些书造成的势力，除了《圣经》以外是任何别种书都无法与之匹敌的”，因此他不主张排斥儒家思想，而是竭力主张将孔子思想和基督教义结合起来。1883 年来华的传教士李佳白改着中国服装，身穿长袍马褂，头戴假辫子，一手捧《圣经》，一手捧《四书》，用儒家经典附会基督教义，主张两者“互相和合，互相敬爱，互相劝勉，互相辅助”，推崇儒家思想是教民之本，“孔教为颠扑不破之道，合之古今中外而皆宜”。传教士们推崇儒家思想并非是他们接受了儒家思想，而

↑夏威夷的孔子像

是借助儒家思想宣传基督教义，最终取代儒家思想的统治地位，正如传教士狄考文所说，“作为儒家思想支柱的是受过高等教育的士大夫阶层，如果我们要对儒家的地位取而代之，我们就要训练好自己的人，用基督教和科学教育他们，使他们能胜过中国的旧式士大夫，从而能取得旧式士大夫所占的统治地位”。所以美国在华传教士纷纷创办学校，学校既学《圣经》，也学儒经，狄考文所创办的山东登州文会馆规定在9年时间内学完《四书》《五经》。

20世纪初，欧洲列强忙于战争，无暇东顾，美国趁机扩大在中国的势力，与此相应，加大了对中国的研究。从19世纪后期，在传教士的宣传影响下，美国国内就开始了对中国的研究，1876年耶鲁大学在卫三畏主持下设立了美国汉语教学研究室和东方学图书馆，其后加利福尼亚大学、哈佛大学、哥伦比亚大学纷纷设立研究中国的机构。进入20世纪，美国的基金会大力资助中国研究，到1930年，美国收藏的中国书籍已达35万多册，到二战前，美国研究中国的机构已经发展到90个，同时美国也已经培养出一大批研究中国的专家。这批专家大多肯定孔子及其思想的历史功绩，杜伦认为孔子的学说是哲学而非宗教，孔子一生的贡献是创造了一套高洁的贵族式的伦理条规，卜德认为孔子学说的道德观孕育了中国文明的精神基础，海思和威兰在合著的《世界通史》中认为孔子关于礼仪的规定以及关于道德的具有深意的箴言在中华民族性格的形成上是一个坚强的因素。但也有专家如孟录全盘否定孔子的教育思想，认为孔子教育的最高目标就是造就“一个能公正地治理国家的君主和盲目地服从国家法律过着正直生活的人民”，教育的目的“不是发展独创性而是压制它，不是发展创造能力而是发展模仿能力”，他的这些观点是从考察中国科举制度的弊端后得出的，但并非是真正的孔子的教育思想，所以当时著名的学者顾立雅、拉铁摩尔等也对此持有

←**孔子庙** 在加州首府萨克拉门托，由华人、华侨所建。

异议。

20 世纪 50 年代以来，美国的儒学研究异常活跃，出现了一大批著名的学者，其中既有美国自己培养的费正清、顾立雅、拉铁摩尔、狄百瑞、芮沃寿等中国通，也有从中国大陆和港台移居的陈荣捷、杜维明、成中英等儒学专家。研究的领域也非常广泛，涉及到孔子的哲学思想、政治思想、伦理思想、教育思想以及孔子思想在世界的传播与影响、孔子及儒家思想与当代中国的关系、后世儒家与儒学等等。对孔子及其思想的评价基本是肯定的，顾立雅认为孔子的思想并非宗教，孔子不是守旧、反动的代表，“基本上是一个革命者”，费正清推崇儒家“以善为治”的

←**舒尔茨在曲阜** 1987 年 3 月，美国国务卿舒尔茨专程到曲阜参观。

→旧金山祭孔大典 1982年，美国各界纪念孔子诞辰。

政治理论，窦宗仪认为“孔学的价值是在于它所维护的一条处于极端个人主义和极端集体主义之间的、间接的道路，即中庸”，断言“在任何情况下，一切学说理论要发挥巨大的作用就必须遵循中庸之道”。

在学者们的影响下，美国政界人士也日益认识到孔子思想在当代的价值，早在1945年，美国国务卿退丁纽斯在广播中说，“上次大战威尔逊以军事、政治、经济力量维系世界和平，其结果不但未获得和平并造成二次的大战，此次残于上次千万倍矣。处理今后之世界和平当以上次为之印鉴，其惟一办法，发扬人类道德，灌输仁人的道德精神，然道德必以中国孔子道德为目标”；1982年美国总统里根在致祭孔大典筹委会主任的信中说：“孔子高贵的行谊与伟大的伦理道德思想不仅影响他的国人也影响了全人类，孔子学说世代相传提示全世界人类丰富的做人处世原则”，“我们尤应缅怀与推崇这位思想家的贡献”；2002年美国总统布什在纪念孔子诞辰的文告中说，“欣逢孔子2553岁诞辰，谨颁此文告表示祝贺”，“我同时也钦佩各地的祭孔委员会，他们热心举办祭孔活动，借以保存孔子思想，发扬中国文化，分享孔子教诲，鼓励世人学习这位伟大的哲学家的高尚的人格、慈爱精神、远大目标、精深思想。孔子的博大教诲启迪了世界上所有的人”。

孔子思想在东南亚的传播与影响

孔子思想在东南亚（越南除外）的传播主要是依靠华人进行的，影响的范围也主要在华人中间。虽然早期外出谋生的华人大多出身贫困，文化水平不高，但他们自幼即接受儒家思想的熏陶，移居国外后仍保持着中华民族的传统美德，尊师重教，稍有积蓄或聘师家教，或集资兴学设教，为在域外弘扬民族传统文化做出重要贡献。

←新加坡裕华园的孔子像

新加坡

新加坡是华人聚集的国家，早在1860年就有5万多华人在此生息，

←1988年9月15日，新加坡总理李光耀专程到曲阜参观。

↑南洋圣教会

↑南洋圣教会内设的孔子祭坛

现在华人已有200多万，占全国人口的百分之七十多。移居的华人同时带来了孔子思想，使新加坡成为后起的孔子思想影响最深的国家之一。

华人一向重视传统文化，重视教育，1849年陈金声创建了崇文阁，1954年改建成萃文书院，正如该院碑文所说的那样，兴办书院目的是使“斯文蔚起，人人知周孔之道，使荒陬遐域化为礼仪之邦”，20世纪初建造了崇福女中，1955年华人又建立了南洋大学，成立了华人教育委员会，推行华文教育。

早在20世纪初，每到孔子诞辰，中华商会就通告华商歇业

↑祭孔仪式

一天以作纪念。1917 年，在中国成立孔教会的影响下，新加坡中华总商会发起成立新加坡孔教会，因当时英国海峡殖民地槟城（简称屿）、马六甲（简称甲）已经建有孔教会分会，所以以三处总称叻（新加坡简称）、屿、甲取名实得力孔教会。孔教会附设于总商会，商会会员同时也是孔教会会员，每逢孔子诞辰就在总商会礼堂举行祭祀活动。日军侵占期间会务全部停止，1949 年恢复活动，改称南洋孔教会。南洋孔教会的主要活动一是在孔子诞辰时举行祭祀，二是开展关于孔子思想的征文比赛和讲座，三是出版儒学书籍，间或举办书法比赛。现在会员减少，活动虽然继续开展，但也难以为继。除孔教会外，新加坡还有南洋圣教总会，总部内设有儒、释、道三个祭祀用的厅堂。

1982 年，新加坡政府决定在中学三、四年级开设宗教课，为不愿学习宗教者开设儒家伦理课，有 18.7%的学生选学儒家伦理，为推广孔子思想发挥了一定的作用。但是延续十年左右就停止了。

↓新加坡河畔的孔子像

现在新加坡孔子思想的传播和研究活动都比较活跃。20 世纪末在新加坡河畔树立了孔子、屈原、花木兰、文天祥、郑和和岳母刺字等雕像，1979 年成立的孔孟圣道院以将孔孟的真理转化为济世救人的真学问为宗旨，以实践孔孟之道为己任，利用晚间开班宣讲《论语》《孝经》，利用节假日服务老人院，孔子诞辰时还举行文艺表演，现已发展

↑**孔孟圣道院** 晚上讲授孔子思想。

会员700多人。2000年成立的新加坡儒学联合会、1984年成立的新加坡儒学研究会都曾举办过不同规模的学术讨论会，其中儒学联合会在2001年举办的“儒学与新世纪的人类社会”国际学术会议有10多个国家和地区的著名学者参加，是一次水平很高的学术会议。儒学研究会经常举办儒学讲座，出版儒学丛书，编印《儒学与你》和《儒家文化》杂志。此外，新加坡还有东亚哲学研究所、孔孟研究中心等研究机构。

马来西亚

马来西亚也是华人聚集比较集中的国家，郑和下南洋时就已经在马来西亚停留，到19世纪，富有的华人就开始设立私塾进行中华传统文化教育，私塾课程与国内基本相同，主要学习《四书》《五经》。从1897年开始，林文庆和邱菽园发起儒学复兴运动，从国内邀请丘逢甲、王晓沧等名人到处演讲，通过报纸杂志宣传孔子思想，张克诚在吉隆坡《天南时报》上撰文宣传孔子学说，他撰写的《孔教撮要》和《白话孔教撮要》

→**纪念郑和下西洋的三保庙** 在马来西亚的马六甲。

↑**三保山** 旅居马六甲华人的墓地。

成为普及的儿童读物。1919 年以后，由于受国内新文化运动的冲击，儒学复兴运动逐渐式微，到 30 年代，马来西亚也兴起批孔思潮，孔子思想也一度成为批判对象。二战以后，华人传统文化在有识之士的提倡下又开始复兴，马来西亚大学在 1963 年成立了中文系，从台湾聘请了儒学造诣很高的教师进行教学，对儒家经典进行校点、注释、考证，华文报纸也开辟专栏介绍普及孔子思想，80 年代，华人文化协会还创办了《文道》杂志，刊载了许多儒学与现代化、儒学与马来西亚华人社会等学术文章。

←**圣教会示意图**

1912 年中国孔教总会成立以后，马来西亚的槟城、马六甲、怡保等地就相应成立了孔教会分会，二战以前，马来西亚各大城市几乎都有孔教会的组织，此外还有孔教堂、孔圣堂等奉祀孔子的建筑。二战以后，除马六甲孔教会在著名华人沈慕羽的

→吉隆坡尊孔中学

领导下至今还在活动外，其他绝大部分都已销声匿迹了。沈慕羽将马六甲孔教会由宗教机构改变为文化学术团体，举办书法培训班，每年孔子诞辰举行祭祀和孔子思想讲座等活动，最近还新建了孔子大厦。除孔教会外，在吉隆坡、槟城、安顺、太平等 13 个城市还设有圣教会。

孔子思想在马来西亚非常普及，这首先得益于华文教育的普及。马来西亚华人坚持创办华文学校，进行华文教育，1819 年创建了槟城五福书院，1906 年创建了吉隆坡尊孔中学，吉隆坡还建设了陈氏书院。目前，马来西亚共有华文小学 1400 多所，华文中学 62 所，华文大学、大专各

→笔者在东马沙捞越古晋华文一中为学生介绍孔子生平与思想。

一所，华文学校直接用汉语授课，在未与中国建交以前教师主要来自中国台湾省，许多老师都毕业于台湾师范大学，教材大多也来自台湾，儒家思想占有相当大的比例。除正规学校教育外，热心人士还成立了经典导读促进委员会，开展儿童读经活动。现在，马来西亚也成为后起的孔子思想影响最深的国家之一。

近年马来西亚的儒学研究也开始活跃起来，马哈蒂尔任总理时曾经针对亨廷顿的“文明冲突论”举办国际儒家思想与回教文明对话会，2002年成立的马来西亚孔学研究会也举办了国际孔学讨论会、儒学座谈会，在孔子诞辰举办了儒学在民间讲座、儿童经典教育交流会、孔子诞辰纪念庆典等纪念活动，计划出版《忠恕文集》《忠恕丛书》和《忠恕系列》，现已经出版了《孔学论文集》。近年来，马来西亚华人公会、中华大会堂总会和马来西亚工商联合会三大组织联合发起和推动马来西亚华人思想兴革运动，华人纷纷响应，多次召开讨论会。通过讨论，“己所不欲，勿施于人”成为华人贯彻实践的金科玉律，勤俭、敬业、诚信、和谐成为工商界实践的信条，中庸之道、协商共赢成为华人领袖遵循的原则。

印度尼西亚

印度尼西亚的孔子思想也是由移居的华人带来的，早在1729年，华

↓印度尼西亚泗水孔庙

→1914 年祭祀盛况

人就创办了明诚书院，1875 年，华人又在东爪哇的泗水建造了东南亚（越南除外）的第一所孔子庙。1900 年华人成立了中华会馆，会馆负责人之一的李金福在《华人宗教》中阐明会馆以弘扬孔子思想为宗旨，认为华人宗教存在于孔子思想之中，孔子思想是华人宗教的灵魂，是中华文化的根本。会馆创办了 200 多所学校，以尊孔为宗旨进行华文教育。校内高挂孔子像，每逢孔子诞辰、忌日放假一天，举行演讲会等纪念活动。1928 年以后，淡化了尊孔，改为以教育为主。

1912 年中国成立孔教会以后，印度尼西亚的梭罗、泗水、三宝垄等

→孔庙内景

地也相继成立了孔教会，1923 年，各地孔教会的代表在梭罗举行第一次全国代表大会，成立了孔教总会，1938 年该会还决定出版《木铎》月报。日本侵占后，孔教会的活动几乎全部停止，直到 1954 年 12 月，各地孔教会代表齐集梭罗决定重建孔教会，次年成立了印度尼西亚孔教联合会，1961 年的第四次代表大会统一了教规，改名为孔子学说学会，向宗教部申请重新确认为国家宗教。1963 年更名为全印度尼西亚孔教联合会，次年重建了全印度尼西亚孔教青年联合会。1965 年，苏加诺总统发布命令，承认孔教为印尼六大宗教之一。1976 年，据官方统计，孔教徒有 150 万人。但是到 1979 年，苏加诺指示宗教部取消了孔教的宗教地位，孔教会的活动受到限制，居民证宗教信仰不能填写孔教，学校不能再教四书，以中国传统形式举行的婚礼不发给结婚证，孩子也成了不能随父姓的私生子。苏加诺下台后，孔教会的活动逐渐恢复正常，2000 年、2002 年春节孔教会举办团拜会时还分别邀请到瓦希德总统和梅加瓦蒂总统出席并讲话，2002 年中国春节也被公布为全国假日。据说现在孔教会会员有 100 多万人，约占印尼华人的五分之一。孔教会在全国各地设有 100 多个分会，每个分会都有孔庙或拜堂，每周至少举行二三次孔子思想的宣道会。祭祀结合了天主教仪式，既读祭文、行叩头礼也唱赞美诗。

1934 年，华人郭德怀创建了三教会，以弘扬、实践儒、释、道三教为宗旨，1955 年下属组织发展到 30 多个，改名为三教联合会，出版《三种文化》杂志，并发展当地人为信徒。1967 年政府禁止华人在公共场所举行中国传统的宗教仪式、宴会和庆祝活动，号召华人放弃孔教和道教，活动受到很大限制。

孔子思想在印尼华人中的影响还是很大的，虽然 1978 年实行的民族同化政策和取消华文教育、书报等措施限制了孔子思想的传播，但华人早在 20 世纪 30 年代就将《四书》译成了印尼文，最近又将《易经》《孝经》翻译出版。

结束语

↑燕居像

孔子是不幸的。他3岁丧父，17岁丧母，67岁丧妻，69岁丧子，人生所有的不幸几乎都曾打击过他。

但孔子又是幸运的。艰难困苦的境遇造就了他，虽然他屡遭打击，但他并没有屈服，没有被打倒，相反却激发了他要改变自己命运的信心和决心，他“十有五而志于学”，学无常师，敏而好学，不耻下问，学而不已，阖棺乃止，一生都在不懈地追求知识，终于成为学识渊博的学者。但孔子并不满足于做一个学者，他希望自己能够成为一个政治家，通过自己的努力去消灭战争，重建有序的社会，造福人群，而且他也曾经一度在祖国鲁国出任中都宰，先升小司空，最后官至大司寇，他也曾卓有成效，治中都牛刀小试，四方则之，治鲁国大显身手，国家大治，治外交力挫强齐，收复失地，但昙花一现，在内外夹击下只好挂冠而去。孔子深知要想改善社会，仅凭一己的力量是不够的，需要有一整套改造社会的思想理论，需要一支能够推行自己主张的队伍，因此他提出了“天下大同”的远大理想和“小康”社会的近期目标，仁政德治、礼乐教化、轻徭薄赋、富民教民、礼义廉耻、仁爱忠信等政治、伦理主张，创建了博大精深的儒家思想体系，并且首创私学，广收弟子，弟子三千，贤人七十，培养了一大批德才兼备的治国人才，开创了影响深远的儒家学派。

但孔子还是不幸的。为了实现自己的理想，寻找施展自己政治抱负的机会，55岁的他外出奔波14年，栖栖惶惶，席不暇暖，奔走了大小近10个国家，但没有一个国君肯采用他的思想，旅途中宋人伐树，匡人围困，在陈绝粮，在蒲迫盟，在卫国受到灵公与夫人同车却让孔子在后的羞耻，在郑国受到丧家狗的奚落，倍受冷落，最后只能黯然回国，赍志而终。

但孔子还是幸运的。生前虽然没有一个国君肯采纳他的政治主张，但他却没有料到，在他去世300多年后，他的思想会成为中国历代王朝的指导思想，统治中国社会2000多年，他也没有料到，他的思想还走出国门，成为朝鲜、越南、日本等近邻国家的统治思想，成为西方资产阶级启蒙思想家反对封建专制的思想武器，他更没有料到，个人竟被推崇为万世师表，奉为至圣先师，追封为大成至圣文宣王，祭祀的庙宇遍及中国、朝鲜、越南、日本等亚洲国家。

但孔子还是不幸的。19世纪以来中国统治阶级的腐朽无能造成了中国的落后挨打，那些深受西方思想影响的知识分子们不敢将中国落伍的责任归咎于统治阶级，不愿对落伍的原因进行全面的历史的分析，相反却将落后的全部责任归罪于孔子及其思想，可怜的孔子成了敲门砖，成了打人砖，孔子思想在它的母国成了罪恶的渊薮。

↑日本水户藩校弘道馆

但最终孔子还是幸运的。风水轮流转，谁能料到，在全球以西方思想文化为金科玉律的20世纪70年代，西方经济持续不前，而深受孔子思想影响的日本和韩国、中国香港、中国台湾、新加坡四小龙却经济相继腾飞，其后中国、越南经济又走上高速发展的轨道，人们在分析其原

←崖州文庙
此为中国最南端的孔子庙，在今海南三亚市。

↑汤因比与池田大作交谈

因时发现，是传统的儒家思想在背后释放的巨大能量催发了这种高速发展，于是人们不得不重新审视儒家思想，重新评价孔子思想在现代社会中的作用及其价值。资产阶级工业文明以来，科学技术日新月异，物质文明高度发达，人们在享受工业文明的丰硕成果时也不得不正视工业文明所带来的弊端，极端个人主义、利己主义、享乐主义日益泛滥，道德沦丧、环境破坏、暴力犯罪、种族冲突、恐怖袭击日益严重。如何救正社会弊端，如何构建人类未来的精神家园，东西方的有志之士们都在思考，都在寻找。早在上世纪70年代初，英国著名历史学家、评论家汤因比就和日本文化名人池田大作进行了展望21世纪的学术对话，汤因比预言，“世界的和平统一，一定是以地理和文化轴为中心不断结晶扩大起来的”，“中国人和东亚各民族合作，在被人们认为是不可缺少和不可避免的人类统一过程中可能要发挥主导作用”。汤因比对此次谈话非常重视，将对话整理后命名为《生命的选择》出版，他是根据《圣经》“现在，我把生命和死亡、祝福和咒诅这两种选择摆在你们面前，你们必须选择生命，这样，你们跟你们的子孙就能长久活下去”取名的。无独有偶，人类的精英，75名诺贝尔奖金获得者1988年聚会巴黎研讨世界的发展，会议所取得的共识之一是，“人类要在21世纪生存下去，必须要从2500年前孔夫子那里去寻找智慧”。我们完全有理由相信，孔子思想将会越来越受到人们的重视，将会发挥越来越重要的作用。

↓新西兰中华书院孔子像

孔子年谱

1岁 公元前551年（周灵王二十一年，鲁襄公二十二年）

孔子出生在鲁国陬邑昌平乡（今曲阜城东南30公里的昌平山下）。因父母曾为生子而祷于尼丘山，孔子故名丘，字仲尼，尼丘山为避孔子讳，省称尼山。

孔子生年有两种记载，相差一年，今从《史记·孔子世家》说，生日为夏历八月二十七，今人推算为西历9月28日。

3岁 公元前549年（周灵王二十三年，鲁襄公二十四年）

父亲叔梁纥卒，葬于防山，今曲阜东25里处有墓地名梁公林。

大约在父亲丧后不久，孔子随母亲迁到鲁国都城居住。

5岁 公元前547年（周灵王二十五年，鲁襄公二十六年）

弟子秦商生。商字不慈，鲁国人。

6岁 公元前546年（周灵王二十六年，鲁襄公二十七年）

弟子曾点生。点字皙，曾参之父。

7岁 公元前545年（周灵王二十七年，鲁襄公二十八年）

弟子颜繇生。繇又名无繇，字季路，又称颜路，颜渊之父。

8岁 公元前544年（周景王元年，鲁襄公二十九年）

弟子冉耕生。耕字伯牛，鲁国人。吴国公子季札赴鲁观周礼。

10岁 公元前542年（周景王三年，鲁襄公三十一年）

弟子仲由生。由字子路，卞人。

鲁襄公死，其子继位，是为昭公。

12岁 公元前540年（周景王五年，鲁昭公二年）

弟子漆雕开生。开字子若，蔡国人。

晋韩宣子出使鲁国，观书于太史氏，见《易象》与《鲁春秋》，发出“周礼尽在鲁矣”的感叹。

14岁 公元前538年（周景王七年，鲁昭公四年）

郑国子产制定丘赋制度。

15岁 公元前537年（周景王八年，鲁昭公五年）

孔子说：“吾十有五而志于学”。（《为政》）

鲁国四分公室，改三军为四军，季孙领二军，孟孙、叔孙各领一军。

16岁 公元前536年（周景王九年，鲁昭公六年）

郑国铸刑鼎。弟子闵损生。损字子骞，鲁国人。

17岁 公元前535年（周景王十年，鲁昭公七年）

孔母颜徵在卒。十一月，季武子卒。大约在年末，季孙氏宴请士，孔子赴宴，被季孙氏家臣阳虎拒之门外。

19岁 公元前533年（周景王十二年，鲁昭公九年）

孔子娶宋人亓官氏为妻。

20岁 公元前532年（周景王十三年，鲁昭公十年）

亓官氏生子，鲁昭公赐鲤鱼于孔子，故起名为鲤，字伯鱼。

孔子为季孙氏委吏，管理仓库。

21岁 公元前531年（周景王十四年，鲁昭公十一年）

孔子改作乘田，管理畜牧。孔子说：“吾少也贱，故多能鄙事”（《子罕》）。鄙事当包括委吏、乘田。

24岁 公元前528年（周景王十七年，鲁昭公十四年）

季孙氏家臣南蒯以费叛，费人将他赶走，逃奔齐国。

27岁 公元前525年（周景王二十年，鲁昭公十七年）

郯子朝鲁，孔子向郯子询问少昊官制。

29岁 公元前523年（周景王二十二年，鲁昭公十九年）

孔子学琴于师襄。

30 岁　公元前 522 年（周景王二十三年，鲁昭公二十年）

孔子自称“三十而立”（《为政》）。

齐景公与晏婴来鲁国。齐景公与孔子问秦穆公何以称霸。

弟子颜回、冉雍、冉求、商瞿、梁鳣生。回字子渊，雍字仲弓，求字子有，瞿字子木，鲁国人。鳣字叔鱼，齐国人。

31 岁　公元前 521 年（周景王二十四年，鲁昭公二十一年）

弟子巫马施、高柴、宓不齐生。

32 岁　公元前 520 年（周景王二十五年，鲁昭公二十二年）

弟子端木赐生，赐字子贡，卫国人。

34 岁　公元前 518 年（周敬王二年，鲁昭公二十四年）

孟懿子和南宫敬叔兄弟学礼于孔子。孔子收徒的最早记载。

孔子问乐于苌弘。

35 岁　公元前 517 年（周敬王三年，鲁昭公二十五年）

鲁国发生斗鸡之变。鲁昭公率师讨伐季平子，平子与孟孙氏、叔孙氏三家共攻昭公，昭公兵败，逃奔齐国。

孔子去齐国，道经泰山，发出“苛政猛于虎”的感叹。

36 岁　公元前 516 年（周敬王四年，鲁昭公二十六年）

孔子在齐。齐景公问政于孔子，孔子以“君君、臣臣、父父、子子”回答，获得齐景公赏识，欲以尼谿之田封孔子，被晏子阻止。

孔子在齐闻《韶》乐，如醉如痴，三月不知肉味。

37 岁　公元前 515 年（周敬王五年，鲁昭公二十七年）

齐大夫欲害孔子，孔子由齐返鲁。

吴公子季札聘齐，其子死，葬于瀛、博之间，孔子往观其葬礼。

弟子樊须、原宪生。须字子迟，鲁国人；宪字子思，宋国人。

38 岁　公元前 514 年（周敬王六年，鲁昭公二十八年）

晋魏献子（名舒）执政，举贤才，孔子认为“近不失亲，远不失举”，是义举。

39 岁　公元前 513 年（周敬王七年，鲁昭公二十九年）

冬，晋国铸刑鼎，将刑律铸于鼎上，孔子曰：“晋其亡乎，失其

度矣”（《左传》）。

40 岁 公元前 512 年（周敬王八年，鲁昭公三十年）

孔子自称“四十而不惑”。

弟子澹台灭明生。灭明字子羽，鲁国人。

41 岁 公元前 511 年（周敬王九年，鲁昭公三十一年）

弟子陈亢生。亢字子禽，陈国人。

42 岁 公元前 510 年（周敬王十年，鲁昭公三十二年）

昭公卒，弟定公立。

43 岁 公元前 509 年（周敬王十一年，鲁定公元年）

弟子公西赤生。赤字华，鲁国人。

45 岁 公元前 507 年（周敬王十三年，鲁定公三年）

弟子卜商生。商字子夏，卫国人。

46 岁 公元前 506 年（周敬王十四年，鲁定公四年）

孔子率弟子观鲁桓公庙的欹器。弟子言偃生。偃字子游，吴国人。

47 岁 公元前 505 年（周敬王十五年，鲁定公五年）

六月，季孙氏家臣阳虎囚季桓子而专鲁政，欲见孔子，孔子不见，阳虎送孔子豚，孔子趁其不在家时拜谢，结果途中相遇，阳虎劝孔子出仕，孔子答应了却未出仕。

弟子曾参、颜幸生。参字子舆，幸字子柳，均为鲁国人。

48 岁 公元前 504 年（周敬王十六年，鲁定公六年）

季氏家臣阳虎擅权日重，孔子称之为“陪臣执国命”（《季氏》）。

阳虎专权，孔子不仕，退而修《诗》、《书》、《礼》、《乐》，弟子日益增多。

49 岁 公元前 503 年（周敬王十七年，鲁定公七年）

弟子颛孙师生。师字子张，陈国人。

50 岁 公元前 502 年（周敬王十八年，鲁定公八年）

孔子自谓“五十而知天命”（《为政》）。

公山不狃以费叛季氏，使人召孔子，孔子欲往，被子路阻拦。

51 岁 公元前 501 年（周敬王十九年，鲁定公九年）

孔子为中都宰，治理中都一年，卓有政绩，四方则之。

鲁伐阳虎，阳虎先后逃奔齐国、宋国，最后投奔晋国赵简子，孔子说：“赵氏其世有乱乎！”（《左传》）

弟子冉鲁、曹邺、伯虔、颜高、叔仲会生。

52 岁 公元前 500 年（周敬王二十年，鲁定公十年）

孔子由中都宰升小司空，后升大司寇，摄相事。

夏，孔子随定公与齐侯相会于夹谷。孔子事先对齐国邀鲁君会于夹谷有所警惕和准备，故不仅使齐国劫持定公的阴谋未能得逞，而且逼迫齐国答应归还侵占鲁国的郓、汶阳、龟阴等土地。

53 岁 公元前 499 年（周敬王二十一年，鲁定公十一年）

孔子为鲁司寇，鲁国大治。

54 岁 公元前 498 年（周敬王二十二年，鲁定公十二年）

孔子为鲁司寇。为削弱三桓，采取堕三都的措施。叔孙氏与季孙氏为削弱家臣的权力，支持孔子的这一主张，但受到孟孙氏家臣公敛处父的抵制，孟孙氏暗中支持公敛处父。堕三都的行动半途而废。

弟子公孙龙生。龙字子石，楚国人。

55 岁 公元前 497 年（周敬王二十三年，鲁定公十三年）

春，齐国为离间孔子与鲁国君臣的关系，送 80 名美女到鲁国。君臣迷恋歌舞，多日不理朝政。孔子愤而辞官离开鲁国到卫国，居住在子路妻兄颜浊邹家。

十月，孔子受谗言之害，离开卫国前往陈国。路经匡地，被围困。后又返回卫都，住蘧伯玉家。

56 岁 公元前 496 年（周敬王二十四年，鲁定公十四年）

孔子在卫国，见卫灵公夫人南子。

卫灵公与夫人南子同车而让孔子在后车招摇过市，孔子以为可耻，离开卫国但不久又返回。

57 岁 公元前 495 年（周敬王二十五年，鲁定公十五年）

孔子在卫。夏五月，鲁定公卒，子哀公立。

58 岁 公元前 494 年（周敬王二十六年，鲁哀公元年）

孔子在卫。

59 岁 公元前 493 年（周敬王二十七年，鲁哀公二年）

卫灵公问阵于孔子，孔子婉言拒绝。孔子离卫欲去晋国，行至黄河听说晋国赵简子杀了两个贤人，返回卫国。不久离卫如曹，途经宋国，宋司马桓魋伐树警告，孔子微服逃至郑国，由郑赴陈。

60 岁 公元前 492 年（周敬王二十八年，鲁哀公三年）

孔子自谓”六十而耳顺”。

在陈。秋，季桓子后悔未重用孔子使鲁国丧失强盛的机会，遗言其子季康子请回孔子，但因公之鱼的阻拦，只召回了冉求。

61 岁 公元前 491 年（周敬王二十九年，鲁哀公四年）

孔子离陈往蔡。

62 岁 公元前 490 年（周敬王三十年，鲁哀公五年）

孔子在陈。

63 岁 公元前 489 年（周敬王三十一年，鲁哀公六年）

孔子与弟子在陈蔡之间被困绝粮，后被楚人相救。

楚王欲重用孔子，将以书社之地封给孔子，因令尹子西反对而作罢。

楚人接舆劝谏孔子。

由楚返卫，途中遇隐者，劝子路隐居。

孔子见叶公，叶公问政，孔子以“近者说，远者来”作答。

叶公向子路问孔子，子路未答，孔子说你为什么不说“其为人也，发愤忘食，乐以忘忧，不知老之将至云尔”。

64 岁 公元前 488 年（周敬王三十二年，鲁哀公七年）

孔子在卫。主张在卫国为政先要正名。

65 岁 公元前 487 年（周敬王三十三年，鲁哀公八年）

孔子在卫。

吴伐鲁，大败，弟子有若参战有功。

66 岁 公元前 486 年（周敬王三十四年，鲁哀公九年）

孔子在卫。

67 岁 公元前 485 年（周敬王三十五年，鲁哀公十年）

孔子在卫。

夫人亓官氏卒。

68 岁 公元前 484 年（周敬王三十六年，鲁哀公十一年）

春，齐师伐鲁，弟子冉有帅鲁师与齐战，获胜。季康子问冉有的军事才能从何而来？冉有答曰“学之于孔子”。季康子派人以币迎回孔子。

季康子欲行“田赋”，质询孔子，孔子反对。

鲁哀公问政，孔子答以“政在选臣”。

鲁国不用孔子，孔子一边教育弟子，一边整理古代文献。

69 岁 公元前 483 年（周敬王三十七年，鲁哀公十二年）

冬十二月蝗灾，季孙问于孔子，孔子认为是历法错误，不是气候反常。

儿子孔鲤卒。

70 岁 公元前 482 年（周敬王三十八年，鲁哀公十三年）

孔子自谓“七十而从心所欲，不逾矩”。

71 岁 公元前 481 年（周敬王三十九年，鲁哀公十四年）

春，西狩获麟，孔子停止修《春秋》。

六月，齐国陈恒弑齐简公，孔子求见鲁哀公及三桓，请求鲁国出兵讨伐陈桓，未果。

颜回卒，孔子十分悲伤。

72 岁 公元前 480 年（周敬王四十年，鲁哀公十五年）

孔子闻卫国政变，预感到子路有生命危险，子路果然被害，孔子十分难过。

73 岁 公元前 479 年（周敬王四十一年，鲁哀公十六年）

四月，孔子卒，弟子葬于鲁城北。鲁哀公诔之。

弟子为孔子守墓三年，独子贡守墓六年。

孔子故居被改为庙堂。

再版说明

《图说孔子》《图说孙子》《图说管子》《图说孟子》是“中国哲圣人物丛书”的首批推出书目。该系列丛书用“图说”的新形式图文并茂地介绍了中国古代哲圣人物，出版以来深受广大读者的喜爱，并输出了日文版、英文版版权。其中《图说孔子》还获得“山东省优秀图书奖（文学类）”“2014 年度输出版优秀图书奖”等奖项，并入选首批“中国图书对外推广计划”重点推荐图书。

本次再版对全书文字重新进行了校正，对引文进行了严谨核定，修改了一些错误和不够严谨的地方，但难免会有不足之处，恳请读者提出宝贵意见，使这套丛书通过不断打磨，臻于完善。

山东友谊出版社

2016 年 1 月

图书在版编目（CIP）数据

图说孔子／孔祥林著．—2版．—济南：山东友谊出版社，2016.3（2017.11重印）

ISBN 978-7-5516-1021-6

Ⅰ．①图… Ⅱ．①孔… Ⅲ．①孔丘（前551～前479）－生平事迹－图集 Ⅳ．①B222.2-64

中国版本图书馆CIP数据核字(2016)第043517号

摄　　影: 孔祥林　项春生　关　辉

责任编辑: 刘奎胜　张倩昱

装帧设计: 姜海涛

主管单位: 山东出版传媒股份有限公司

出版发行: 山东友谊出版社

地　　址: 济南市英雄山路189号　　邮政编码: 250002

电　　话: 出版管理部（0531）82098756

市场营销部（0531）82098035（传真）

印　　刷: 山东临沂新华印刷物流集团

版　　次: 2016年3月第2版

印　　次: 2017年11月第5次印刷

规　　格: 168mm × 245mm

印　　张: 17.5

字　　数: 250千字

定　　价: 38.00元